Günther H. Ruddies
Viel Spaß im Ruhestand

Günther H. Ruddies

Viel Spaß im Ruhestand

Aktiv den neuen Alltag gestalten

Mit Zeichnungen von Erik Liebermann

Lexika Verlag®

Bibliografische Information Der Deutschen Bibliothek
Die Deutsche Bibliothek verzeichnet diese Publikation in der Deutschen Nationalbibliografie; detaillierte bibliografische Daten sind im Internet über http://dnb.ddb.de abrufbar.

Lexika Verlag erscheint bei Krick Fachmedien GmbH + Co. KG, Würzburg

2., überarbeitete Auflage mit Zeichnungen von Erik Liebermann

Druck: Schleunungdruck, Marktheidenfeld
Printed in Germany
ISBN 3-89694-292-1

Inhaltsverzeichnis

LEBEN

Und Leben ist ja doch des Lebens höchstes Ziel.
FRANZ GRILLPARZER

Leben ist sein, nicht haben.
O' MALLEY

Des Lebens Mühe lehrt uns allein des Lebens Güter schätzen.
JOHANN WOLFGANG VON GOETHE

Leben ist Einsamkeit.
HERMANN HESSE

Was ist das Leben, da kein Wein ist?
SIR. 31,33

Ein unnütz Leben ist ein früher Tod.
JOHANN WOLFGANG VON GOETHE

Lebensklugheit bedeutet: Alle Dinge möglichst wichtig, aber keines völlig ernst nehmen.
ARTHUR SCHNITZLER

Unser Leben ist das, wozu unsere Gedanken es machen.
MARC AUREL

Das Leben eines jeden Menschen ist ein von Gotteshand geschriebenes Märchen.
HANS CHRISTIAN ANDERSEN

Statt eines Vorworts

Der Mensch ist so alt,
wie er sich fühlt.
LEBENSERFAHRUNG

„Wir wünschen Ihnen einen schönen Ruhestand, Gesundheit und Zufriedenheit!“

Hunderttausende Berufstätige werden alljährlich mit ähnlichen Worten aus dem Erwerbsleben verabschiedet. Bei den meisten ist nun die Rentenversorgung aufgebaut, Geld angespart oder angelegt für das „Nachher“ – die materielle Versorgung ist also gewährleistet. Nur, wie wird das Leben „danach“ im Ernstfall tagtäglich ablaufen?

Schon der letzte Arbeitstag hat es in sich, keiner wird so sehr herbeigesehnt oder gefürchtet. Es ist die Zeit des Abschieds vom Berufsleben für alle 58-, 60-, 62- bis 65-Jährigen, aber mehr noch eine des Neubeginns.

Die weitere Wegbestimmung und Tagesgestaltung kann und muss jetzt in die eigene Hand genommen werden. Plötzlich ist Zeit vorhanden, den eigenen Rhythmus herauszufinden. Man wird den Ruhestand genießen, aber auch Mut und Freude entwickeln, sich auf neue Situationen einzulassen und Herausforderungen anzunehmen.

Was unternehmen Sie im Ruhestand?

Arbeit bestimmt weithin unser Leben; in Gesellschaft und Wirtschaft zählt die Erwerbstätigkeit. Das heißt aber nicht, dass sie der ausschlaggebende Wert ist und älter werdende Menschen daher nach dem Erwerbsleben abgeschrieben werden dürfen. Bedenkt man, dass der Anteil der über Sechzigjährigen an der Gesamtbevölkerung mittlerweile beträchtlich ist, kann es sich kein Politiker leisten, die Interessen und Stimmen dieser Gruppe nicht ernst zu nehmen. Finanziell hat bisher noch keine Generation so viel Vermögen an die folgende weitergeben können. Außerdem waren Rentnerinnen und Ruheständler noch nie so mündig und quicklebendig wie in der Gegenwart, mit steigender Tendenz. Nicht zuletzt deswegen sehen sich Wissenschaftler und Politiker genötigt, von den „jungen Alten“ zu sprechen. Bei Licht besehen, handelt es sich um neuartige Privatinitiativen mit Öffentlichkeitswirkung. Frauen wie Männer gestalten aktiv ihr „Unternehmen Ruhestand".

Eigene Wege ausprobieren

Folgende Verhaltensweisen lassen sich am häufigsten feststellen:
Im Rentenalter wird in die Hände gespuckt und erst richtig losgelegt, etwas unternehmen, reisen, zu neuen Ufern und Abenteuern aufbrechen, irgendwohin, weit weg.
Andere warten in Ruhe ab, schlafen sich gründlich aus und lassen die Dinge auf sich zukommen. Etwas wird sich schon finden, der Mensch gewöhnt sich an alles, denken sie. Muße kann etwas sehr Schönes sein, warum also vorsorgen und vorausplanen?
Fein heraus ist, wer sich über Jahre auf den neuen Lebensabschnitt systematisch vorbereitet hat – so behaupten es jedenfalls Wissenschaftler, Altenforscher, Ärzte, Psychologen. Begonnene Hobbys können nun intensiver betrieben werden, brachliegende Talente, zu kurz gekommene Interessen motivieren zu neuen schöpferischen Betätigungen.

Sicher ist nur dies: Es gibt keine allgemeingültige Form, den eigenen Ruhestand zu gestalten. Finden Sie deshalb durch Ausprobieren selbst heraus, was Ihnen in diesem wichtigen Lebensabschnitt Freude bringt und Sinn macht.

Künftig bestimmen Sie selbst

Morgens belästigt Sie kein Wecker mehr, niemand macht mehr Vorschriften, kein Chef oder Vorgesetzter kontrolliert Sie. Sie lassen sich kein X für ein U vormachen und sind sportlich aktiv, reisen, musizieren, kochen, malen, lesen, tapezieren, gärtnern, wandern, hüten Enkel – wie es Ihnen gefällt.

Automatisch allerdings gerät nicht alles zur ungetrübten Freude. Frau wie Mann können sich auch ob der ungewohnten Freiheiten überflüssig oder krank fühlen, psychisch in ein Tief fallen. Selbst bestimmen heißt, sich ungewohnte Situationen bewusst machen, nach Mitteln und Wegen Ausschau halten, sie zu meistern und, mehr noch, die Situation ins Positive zu wenden. Der Jahresbegleiter für den Ruhestand, den Sie in Händen haben, möchte Ihnen dazu Anregungen geben.

Die geistige Beweglichkeit bleibt entscheidend

Die immer wieder ausgesprochene Erkenntnis „Hauptsache gesund!" signalisiert, wie wichtig es älter werdenden Menschen ist, körperlich fit zu bleiben und von Krankheiten verschont zu werden. Sie unternehmen dafür eine ganze Menge, treiben Sport oder Gymnastik, stellen ihre Ernährung um oder nutzen vorbeugend Kuren.

Letztendlich sind sich aber alle einig, dass es im Ruhestandsalter entscheidend darauf ankommt, möglichst lange **geistig** frisch zu bleiben, und zwar gerade auch dann, wenn die physischen und/oder finanziellen Möglichkeiten eingeschränkt sind.

Weitgehend wird die belebende Wirkung unterhaltsamer Weiterbildung nach dem Abschied von Beruf und Erwerbsleben unterschätzt. Die persönliche Formel könnte lauten: „Was will ich, was kann ich, was macht mir Spaß?"
Natürlich genügt es nicht allein zu wissen, was Mann und Frau alles tun könnten – gute Vorsätze wollen auch in die Tat umgesetzt und angewendet werden. Ruhestand, mitunter Unruhestand genannt, ist dazu da, etwas zu unternehmen. Vor allem mit Köpfchen!

Dem Ziel, geistige Frische und Beweglichkeit zu erhalten und zu erweitern, dienen in diesem Ruhestandsbegleiter drei Schritte:

1. Bestandsaufnahme + Neubeginn
2. Geistige Beweglichkeit + Training
3. Erleben + Erinnern

Bei alledem soll der Humor nicht zu kurz kommen, denn nach Wilhelm Raabe heißt es: „Humor ist der Schwimmgürtel auf dem Strom des Lebens."

In diesem Sinne wünscht Ihnen Freude, Erfolg und Zufriedenheit Ihr

Dr. Günther H. Ruddies (Dipl.-Psychologe, Psychotherapeut)
Stuttgart, im September 2002

GELD

Was frag ich viel nach Geld und Gut, wenn ich zufrieden bin? ... Je mehr er hat, je mehr er will, nie schweigen seine Klagen still.
J. M. MILLER

Je mehr Geld, desto mehr Sorgen.
SPRICHWORT

Wer Geld und keine Kinder hat, der ist nicht wirklich reich; wer Kinder und kein Geld hat, der ist nicht wirklich arm.
CHINESISCHES SPRICHWORT

Vergnügt sein ohne Geld, das ist der Stein der Weisen.
M. G. LICHTWER

Das Geld, das man besitzt, ist das Mittel zur Freiheit; dasjenige, dem man nachjagt, das Mittel zur Knechtschaft.
JEAN-JACQUES ROUSSEAU

Das Leben wird in kleinen Münzen gewechselt.
G. H. R.

Ein treuer Freund ist mit keinem Geld noch Gut zu bezahlen.
SIR. 6,15

Ein Tröpflein Liebe ist mehr wert als ein ganzer Sack voll Gold.
FRIEDRICH VON BODELSCHWINGH

1 Abschied aus dem Erwerbsleben

1.1 Geschenke zum Abschied

Einem geschenkten Gaul
sieht man nicht ins Maul.
VOLKSWEISHEIT

Schenken ist ein Brücken-
schlag über den Abgrund
deiner Einsamkeit.
ANTOINE DE SAINT EXUPERY

Zu Beginn als anregende und erheiternde Lektüre das Protokoll eines Brainstormings von Angestellten, Kollegen, Mitarbeiterinnen, Vorgesetzten zum Thema: „Was können wir für den Ruhestand schenken?" (Auszug)

Schürze für Hobbygärtner
Kiste Havanna-Zigarren
Einlegesohlen, Heizkissen
Ratgeber für Raucher
Ratgeber für Nichtraucher
Hustensaft
Hundertjähriger Kalender
Strickzeug
Mensch, ärgere dich nicht
Brillenputztuch
Gutschein für Zoobesuch
Kochrezepte aus der Römerzeit
CDs, Tonkassetten
Bundesverdienstkreuz
Hund, Katze, Vogel
Gedichtband
Gruppenfoto von Kollegen
Riesenpuzzle
Wanderkarten
(TV-Programm-)Zeitschriften-Abo
Globus
Schachspiel, Skatkarten
Bücher
Bücher
Bücher
Leerkarton für Präsente

1.2 Gut gemeinte Ratschläge

Das Gegenteil von gut ist nicht schlecht,
sondern das gut Gemeinte.
GOTTFRIED BENN

Mit einem guten Rat
lässt sich nichts anfangen;
man kann ihn nur weitergeben.
NACH OSCAR WILDE

Ebenfalls als Anregung und/oder zur Erheiterung nun eine höchst unvollständige und willkürliche Sammlung aus Fernsehsendungen, Hörfunk, Zeitungen, von Ärzten, Fakiren, Schafhirten usw.:

Suchen Sie sich sofort eine Arbeit ...
Legen Sie sich auf die faule Haut ...
Sich ja nicht gehen lassen ...
Schaffen Sie sich ein Haustier an ...
Genießen Sie das einfache Leben auf dem Lande ...
Genießen Sie die Großstadt ...
Gehen Sie täglich einkaufen ...
Angeln gehen ...
Ein Hobby pflegen ...
Nicht zum Gefangenen eines Hobbys werden ...
Seine Meinung frei sagen ...
Keine Fremden in die Wohnung lassen ...
Viel verreisen ...
Helfen Sie Ihrer Frau/Ihrem Mann im Haushalt ...
Fernsehen, wenn es Spaß macht ...
Opa und Oma spielen ...
Endlich einmal Verbotenes tun ...
Bewegung, Bewegung, Bewegung ...
Körner und Obst essen ...
Drei Liter Flüssigkeit täglich trinken ...
Alles aufschreiben, was Sie sonst vergessen ...
Wenig aufschreiben, viel merken, behalten ...
Erinnerungen aufschreiben ...

2 Kleine Typenkunde

2.1 Der Hypochonder

Der Gesundheitsminister warnt:
Leben ist ungesund.

Wem ab 55 beim Aufstehen nichts weh tut,
der muss tot sein.

Hypochonder fallen nicht vom Himmel. Meistens entwickeln sich hypochondrische Anwandlungen über viele Berufsjahre hinweg. Viel Zeit im Ruhestand erlaubt, sich den eingebildeten Krankheiten gänzlich zuzuwenden. Darin liegt die Gefahr. Andererseits leben Hypochonder gefahrlos, denn in Wirklichkeit sind sie gesund.

Laut Dudenlexikon ist ein Hypochonder ein eingebildeter Kranker. Er weiß es trotzdem besser. Kommt er mit jemandem ins Gespräch, der ebenso viel Zeit hat wie er, beginnt er unverzüglich zu jammern und seine vermeintlichen Wehleiden aufzuzählen. Einer Rentnerin, der man soeben ein Magengeschwür operiert hat, wird er sagen: „Sie haben es gut, Sie wissen wenigstens, was Ihnen fehlt. Unsereins ist krank und keiner findet etwas!"

Ein fortgeschrittener Hypochonder über sechzig traut seiner Gesundheit nicht. Niemals. Kaum hat er morgens die Augen aufgeschlagen, beginnt er noch im Bett mit dem Körper-TÜV: Sind die Zehen beweglich? Schlägt das Herz noch? Lässt sich der Kopf drehen? Knirscht es im Rückgrat? Fühlt sich die Zunge pelzig an?

In kurzen Abständen sucht der Hypochonder eine Fachklinik nach der anderen auf und lässt sich mehrmals durchchecken. Er hält es für eine Finte, dass die Ärzte nichts entdecken. Oder sie verschweigen ihm die Wahrheit wie Todkranken, die sie als unheilbar nach Hause schicken.

Bedrohung wittern Hypochonder überall. Sagt ein Besucher: „Sie haben aber eine hübsche Wohnung", gibt er zur Antwort: „Schon möglich, nur lauert heutzutage in den eigenen vier Wänden der Tod. Tapeten, Teppiche, Holzmöbel und Reinigungsmittel dünsten gefährliche Dämpfe aus …"
Dem gut gemeinten Rat, sich dann doch lieber häufig an die frische Luft zu begeben, kann er ebenfalls keinen Geschmack abgewinnen: „Wo denken Sie hin, wie

viel Fabrikschornsteine und Haushaltsöfen stoßen Emissionen aus? Nicht zu reden von herumschwirrenden Bazillen, Viren, Zecken und Killerbienen."

Alles halb so schlimm. In Wahrheit sind Hypochonder robust und durch nichts umzubringen. Am besten, sie treffen auf der Parkbank, im Wartezimmer oder am Kiosk auf Zeitgenossen mit Langeweile, die noch besser klagen und jammern können. Denn ein Hypochonder ist des anderen Hypochonders Tod.

Das beste Allheilmittel: sich gesund fühlen und darüber sprechen.

REISEN

Schön ist es auch anderswo, denn hier bin ich sowieso.
WILHELM BUSCH

Wenn jemand eine Reise tut, so kann er was erzählen.
MATTHIAS CLAUDIUS

Viele Menschen reisen hauptsächlich deshalb, um den Baedeker auf seine Richtigkeit zu prüfen.
G. MIKES

Die mitunter unangenehmste Reisebegleitung: sein Alter Ego.
G. H. R.

Reisen heißt, an ein Ziel kommen. Wandern heißt, unterwegs sein.
THEODOR HEUSS

Nur Reisen ist Leben, wie umgekehrt das Leben Reisen ist.
JEAN PAUL

Der letzte unerforschte Kontinent: das Menscheninnere.
G. H. R.

Die beste Bildung findet ein gescheiter Mensch auf Reisen.
JOHANN WOLFGANG VON GOETHE

Das Beste, was man vom Reisen nach Hause bringt, ist die heile Haut.
PERSISCHER SPRUCH

2.2 Der Pläneschmied

Ja, mach nur einen Plan,
sei nur ein großes Licht,
und mach noch einen zweiten Plan,
gehn tun sie beide nicht.
BERTOLT BRECHT/KURT WEILL

Der Fantasie des perfekten Pläneschmieds sind keine Grenzen gesetzt. Lange vor dem Abschied aus dem Erwerbsleben verkündet er Kollegen und Kunden unentwegt seine Vorhaben, das Haus umzubauen, eine Pelztierfarm anzulegen, Kiwis zu züchten oder nach Fossilien auf der Schwäbischen Alb zu graben. Er schwört, die Eigernordwand in Turnschuhen zu erklimmen und im Winter die Elbe bei Dresden schwimmend zu durchqueren. Nichts wird er versäumen, was ihn gelenkig und körperlich tüchtig halten wird. Warum nicht eine Abenteuerreise nach Borneo oder Peru anschließen? Zuvor will er noch das Drachenfliegen erlernen.

Vor allem schwärmt der Pläneschmied für das Wandern. Natürlich vom bequemen Sessel aus. „Bewegung stabilisiert den Kreislauf“, spricht er, „bringt Sauerstoff in die Lungen und fördert die Nierentätigkeit.“ Er begibt sich an den Schreibtisch und trägt akribisch planend die benötigten Utensilien in eine Beschaffungsliste ein: Lederhosen, Wadenstrümpfe, Filzhut, Pullover, Kochgeschirr, Fotoausrüstung, Liederbuch, Kerzen, Taschenmesser, Konserven. Notabene Rucksack und Mountainbike, zerlegbar.

Wohin wandern? Für einen Pläneschmied kein Problem. Er bestellt Karten en gros. Wanderungen durch die Rhön, von Rügen bis zum Bodensee oder durch die Alpen werden empfohlen, für ehemalige Finanzbeamte, Familienforscher oder Linkshänder speziell. Einmal in Schwung, überschreitet der Pläneschmied die Grenzen seines Heimatlandes. Er entwirft internationale Wandertouren, bergauf, bergab, sieht sich auf Gipfeln von Alpen, Kaukasus, Karpaten und Anden.
Von seiner Frau erbittet sich der Pläneschmied ein Zahnrädchen, wie sie es für ihre Schnittmusterbogen verwendet. Damit fährt er auf Landkarten frohgemut Tagestouren ab, legt Reiserouten fest, Haltepunkte und Vesperstationen. Mit Filzstiften werden Burgen, Kirchen, Schlösser markiert, Herbergen, Raststätten und Berghütten dick farbig angestrichen.
Dank akribischer Planungsarbeit weiß der perfekte Pläneschmied im Voraus genau, was ihn erwartet. Déjà-vu-Erlebnis nennen Psychologen das Phänomen.

Einzig die Frage ewiger Skeptiker macht dem Pläneschmied zu schaffen: Wenn ihm alles bestens vertraut ist, warum noch selbst hinlaufen? Zur Schonung seiner Füße und überhaupt gönnt er sich erst einmal ein kühles Bier. Morgen ist auch noch ein Tag. Für neue Pläne.

2.3 Der TV-Hausmann

Die Axt im Hause ersetzt den Zimmermann –
der Mann oft nicht einmal die Axt.

Kein Liebesschwur klingt so vielversprechend wie dieser: „Sobald ich nicht mehr berufstätig bin, Schatz, helfe ich dir im Haushalt!"
„Endlich einen Mann wenigstens fürs Grobe", seufzt die Lebensgefährtin still in sich hinein, „das wird der Himmel auf Erden sein." Im Geiste sieht sie sich vormittags durch die Parkanlagen spazieren gehen, mit Bekannten plaudern, während der Liebste inzwischen mustergültig einkauft, kocht, putzt, schrubbt, saugt und wäscht.

Merkwürdig ist nur, dass viele Frauen in ähnlicher Situation verräterisch oft den Ausdruck „überflüssiges Möbel" gebrauchen. Das so genannte Stück stehe in der Gegend herum, zu nichts tauglich, außer, darüber zu stolpern. Die geheimnisvolle Anschaffung scheint mit dem Tag zusammenzufallen, an dem der Partner als Pensionär, Rentner oder Ruheständler zu Hause weilt.

Purer Zufall? Böswillige Unterstellungen? Der TV-Hausmann kann damit schwerlich gemeint sein. Er steht nicht irgendwo herum, sondern sitzt wie festgeleimt von frühmorgens bis nach Mitternacht vor dem Fernseher. Das Gerät ist etwas zu laut eingestellt, weil er akustisch nicht mehr alle Frequenzen mitbekommt und sich eitel weigert, ein Hörgerät zu benutzen. Die Bitten der Ehegattin verhallen ungehört: „Wolltest du nicht die quietschenden Türen ölen, Liebling, das Regal im Keller reparieren und in der Küche einen Nagel einschlagen?“ „Gerne“, ruft der TV-Hausmann, „sofort. Gleich ist die Sendung zu Ende. Dreißig Jahre lang konnte ich mir wenig ansehen, nun wird es auf eine halbe Stunde auch nicht mehr ankommen.“ Auf dem Bildschirm flimmert ein „Ratgeber für die Hausfrau“, getestet wird ein Haushaltshilfe-Roboter. Der TV-Hausmann reibt sich fröhlich die Hände: „Sieh nur, der Roboter kann sogar Getränke servieren. In wenigen Jahren wird sich jeder so ein Männchen leisten können!“

Stumm bereitet die Gefährtin das Mittagessen vor. Während sie Gemüse putzt, Kartoffeln aufsetzt, Fleisch paniert, Pudding anrührt, ziehen am Auge des faszinierten Gatten Taucher im Roten Meer vorbei sowie Bilder vom Karneval in Rio. Reinhold Messner sieht er einen Gipfel ohne Atemgerät erklimmen, den Regierungssprecher ein Dementi dementieren, gefolgt von einer Wiederholung von Sissi-Filmwiederholungen. Die Zwischenfrage der langsam ermattenden Hausfrau hätte er beinahe überhört: „Deckst du heute ausnahmsweise den Tisch ab, Liebling?“ Darauf der typische TV-Hausmann: „Wieso, Schatz, haben wir schon gegessen?“

2.4 Der Optimist

Optimist: Ein Mensch, der die Dinge nicht so tragisch nimmt, wie sie sind.
KARL VALENTIN

Optimismus: Das einzige, was man vom Leben noch haben kann.
G. LAUB

Der Optimist ist ein Mensch, der überall grünes Licht sieht, während der Pessimist nur das rote Stopplicht erblickt ... Aber der wirklich Weise ist farbenblind.
ALBERT SCHWEITZER

Seine erste menschliche Begegnung widerfährt dem ruheständlerischen Optimisten an jedem Morgen früh im Spiegel. Darin entdeckt er einen guten, vertrauten Freund. „Die Falten, alter Junge“, hört er sich etwa sagen, „stehen dir recht gut zu Gesicht.“ Liebevoll verteilt er dabei seine spärlichen, angegrauten Haare über die nackten Flächen. Das Frühstück nimmt der Optimist in Ruhe und mit Genuss ein. Erfreut zieht er den Duft von Kaffee und frischem Brot ein und verzehrt sein weich gekochtes Ei. Nach vierzig Jahren zieht er daraus den Schluss, dass er sich um Giftspuren und Pestizide im Produkt nicht jeden Augenblick sorgen muss. Anschließend

durchforstet er die Tageszeitung nach erfreulichen Meldungen. Er bedauert Zeitgenossen, deren Blick zuerst an Todesanzeigen, Meldungen von Vergewaltigungen, Entführung, Brandstiftung und Überfall hängen bleibt.
Lieber hält er neugierig Ausschau, wo am Tage etwas los ist. Termine für Ausstellungen, Feste, Feiern, Vorträge und Prominentenbesuche werden notiert. Vor allem überlegt der Optimist, wo er selbst Hand anlegen und tätig werden kann. Seiner kranken Nachbarin wird er die Hecke schneiden, einen Bekannten im Krankenhaus besuchen. Optimisten finden immer eine Beschäftigung, und sei es, dass sie an einem alten Schrank vom Sperrmüll so lange herumkratzen, bis unter dem Lack eine mittelalterliche Holzbemalung zum Vorschein kommt.

Einsamkeit ist optimistischen Menschen fremd. Sie sprechen Marktfrauen an, plaudern mit dem Briefträger und laden freundliche Zeitgenossen zu einem Gläschen Wein ein. Sie erwarten von sich und anderen niemals Unmögliches, sondern sind mit Erreichbarem zufrieden. Sie machen sich wenig Sorgen um Ereignisse in ferner Zukunft, die vielleicht gar nicht eintreten. Sie widmen sich der Gegenwart, und was sie sich zu tun vornehmen, beginnen sie sofort.

Das Beste, was einem Pessimisten passieren kann, ist einen Optimisten an seiner Seite zu haben. Verlieren seine Favoriten im Sportwettkampf, implodiert das Fernsehgerät, kann er seine Kontaktlinsen nicht finden, verdoppeln sich die Fahrpreise, schwimmt auf der Suppe eine Fliege, flüchtet er vor dem Gerichtsvollzieher oder fesseln ihn vierzig Grad Fieber ans Bett, der Optimist wird ihm heiser zuflüstern: „Es hätte schlimmer kommen können.“

HUMOR

Der Heiterkeit sollen wir, wann immer sie sich einstellt,
Tür und Tor öffnen; denn sie kommt nie zur unrechten Zeit.
A. SCHOPENHAUER

Humor ist der Milchbruder des Glaubens.
M. BUBER

Dem Heiteren erscheint die Welt auch heiter.
J. W. GOETHE

Der verlorenste aller Tage ist der, an dem man nicht gelacht hat.
N. S. R. CHAMFORT

Wer Narren nur unter anderen Menschen sucht,
findet immer einen zu wenig.
G. H. R.

Ich halte das Lachen für eine der ernsthaftesten Angelegenheiten.
W. RAABE

Alte Narren sind größere als junge.
LA ROCHEFOUCAULD

Wer nicht liebt Wein, Weib und Gesang,
der bleibt ein Narr sein Leben lang.
M. LUTHER

3 Pausengeschichten

Zur Entspannung und Unterhaltung folgen nun fünf kurze Anekdoten, die augenzwinkernd verschiedene Ruheständlertypen beschreiben. Vielleicht erkennen Sie in den von mir retuschierten Geschichten ansatzweise den ein oder anderen Bekannten wieder oder entdecken eventuell sogar die ein oder andere eigene Marotte. In jedem Fall wünsche ich Ihnen bei der Lektüre dieses Kapitels besonders viel Spaß.

3.1 Niemals die erste Jugendliebe besuchen

Neulich führte mich der Weg nach langer Zeit durch das gelobte Schwabenland. Warum, dachte ich bei mir, nicht einen Abstecher nach Tübingen machen und der ersten Jugendliebe einen Besuch abstatten? Wem schlägt nicht der Puls höher bei solchen Gedanken, die zurückfliegen in wunderbarste und wildeste Studententage? Frau Breschtle, so hieß sie jetzt, Gattin eines angesehenen Chefarztes der Universitätsklinik, suchte ich nach alter Gewohnheit gleich nach dem Aufstehen auf, so ungefähr gegen elf Uhr. Ich trat einfach ein, wie wir es immer gehalten hatten. Sie kämmte sich das Haar und schien zu erröten, als sie mich erblickte.
„Nicht wahr, Sie sind der Klempner?" „Bitte? Nein – dein Puzzibärchen!"
Ihre Haut verfärbte sich um einige Nuancen dunkler, in ihren Augen begann es zu glitzern – dem Anblick habe ich früher schon nicht widerstehen können. „Entschuldigen Sie, Herr, Namen kann ich mir im Alter schlecht merken. Es kommen und gehen so viele Leute im Laufe eines Lebens. Zudem führen wir ein großes Haus. Sehen Handwerker nicht einer wie der andere aus?"
Bei dem Geständnis schlug mein Herz schneller. Rasende Eifersucht? Vermutlich hatte sie lediglich meinen Namen vergessen. Ich musste bloß ihrer Erinnerung auf die Sprünge helfen:
„Gnädigste werden sich gewiss an meine tollen Geschichten erinnern. Ich galt als der beste Witzeerzähler der Fakultät. Nehmen wir diesen zum Beispiel: Ein Tübinger Weingärtner, Gog sagen wohl die Einheimischen dazu, wurde vom Blitz im Weinberg erschlagen. Sein Nachbar begab sich sofort nach Hause, um die Hinterbliebene zu benachrichtigen. Er läutete an der Tür und rief laut: ‚Wohnt hier die Witwe Ripp?' Über dem Eingang wurde ein Fenster geöffnet, ein Kopf kam zum Vorschein: ‚Frau Ripp ja, aber nicht Witwe!' Darauf der Weingärtner: ‚Wetta dass?'"
Frau Breschtle lachte wie früher glockenhell, ihre Stimme erwärmte mein Herz. Sie

neigte den Kopf zur Seite und hielt inne beim Kämmen: „Eine hübsche, wenn auch etwas herbe Anekdote, nur, leider kann ich mich überhaupt nicht erinnern, sie jemals aus Ihrem Munde gehört zu haben." „Bitte, alles ist eine Frage der Geduld. Wir wollen nichts überstürzen nach so viel Jahren, was sage ich, Jahrzehnten. Vielleicht erinnern Sie sich an diese Anekdote? Winston Churchill befand sich auf einer Wahlveranstaltung. Nach seiner Rede erhob sich eine Dame und rief wütend: ‚Sir, wenn ich Ihre Frau wäre, würde ich Ihnen Gift in den Tee schütten.' Darauf antwortete Churchill, ohne zu zögern: ‚Und wenn ich Ihr Mann wäre, Mylady, würde ich den Tee auch trinken.'" Frau Breschtle verzog keine Miene, sie war nicht leicht zu erheitern, womöglich hatte sie schwere Jahre hinter sich. Sie blickte mehrmals auf die Uhr und läutete der Haushälterin. „Sie trinken Kräutertee ohne Zucker, Herr ...?" Mit stockte der Atem. Sollte sie wirklich vergessen haben, dass in den Sturm- und Drang-Jahren niemals ein Tropfen Wasser über unsere Lippen gekommen war? Was hatten wir uns nicht alles für die Ewigkeit geschworen! Behutsam wollte ich ihr die Erinnerung wachrufen: „Gütiger Himmel, neun Monate waren wir zusammen, niemals habe ich alkoholfreie Getränke vertragen ..." Frau Breschtle erhob sich und streckte mir beide Hände entgegen, sprechend: „Zu dumm, wie konnte ich übersehen, dass Sie von Medikamenten leben? Immerhin freut es mich, dass Sie mich aufgesucht haben, Alterchen, auch wenn ich den Grund noch nicht kenne. Es ist nie zu spät, eine Bekanntschaft zu machen."

„Bekanntschaft? Nach alledem, was zwischen uns war?"

„Zügeln Sie Ihre Fantasie, wir sind alle älter geworden. Unser Alter ist die Zeit für Plauderei, meinetwegen über vergangene Ereignisse, warum jedoch nicht über neue Moden oder Backrezepte, wenn Ihnen das lieber ist? Ich höre Ihnen gerne zu, glauben Sie mir."

Frauen, wer kennt die Frauen? Heiße Küsse, teure Schwüre, leidenschaftliche Stunden in Mondscheinnächten. Alles weg, als wäre nie etwas gewesen. Stattdessen unterhielten wir uns über Börsenkurse, Waldsterben und Gemüsepreise.

Frau Breschtle schien ganz Ohr, dank ihrer Sympathie fühlte ich mich fast in die alte Zeit zurückversetzt. Zwischendurch erheiterte ich sie mit weiteren Witzen, selbst wenn sie den Eindruck erweckte, manchen schon aus anderem Munde gehört zu haben, klebten ihre Blicke an meinen Lippen, auf die sie einst so versessen war. Schließlich ergriff Frau Breschtle das Wort:

„Mein lieber Herr Puzzibärchen, nannten Sie sich nicht so? Lassen Sie mich einmal etwas sagen ..."

„Ich bitte darum."

„Die Sache ist nämlich die ... ich zermartere mir dauernd das Hirn ... Sie haben vorhin über unser angebliches Verhältnis gesprochen ... es soll drei Monate lang gedauert haben?"

„Neun Monate genau, wenn ich bitten dürfte."
„Also neun Monate, ich kann mir nicht helfen ... selbst wenn Sie mir den Kopf abreißen! Überhaupt, wenn ich mir so Ihre bucklige Nase ansehe, das schwache Kinn, Ohren zum Wegsehen ... nicht einmal bei Nacht! Nein, nein, sage ich, zwischen uns kann niemals etwas gewesen sein. Eine Frau weiß das aus Instinkt. Töten Sie mich, aber es ist die Wahrheit."
Was sollte ich tun? Sie war um keinen Preis zu überzeugen. Wozu auch?
Jetzt fiel es mir ein, ich hatte mich tatsächlich geirrt und sie mit einer gewissen Frau Brüstle verwechselt. Sie war Kellnerin in der Studentenkneipe und lachte ebenso glockenhell, nur war ihr Vater nicht Bierbrauer in Ingelfingen, sondern Schnapsbrenner in Ingoldingen gewesen.

Frei nach RODA RODA (1872–1945): Das Wiedersehen.

3.2 Geerbt ist geerbt

Mehrmals habe ich die Verkaufstricks des Stadtreisenden an meiner Haustür mit Erfolg durchkreuzen können, ob er sich als entlassener Strafgefangener aus Stammheim oder mittelloser Student auf dem Wege nach Berlin ausgab. Diesmal war alles ganz anders.
Mit den traurigen Augen eines Hundes, der hungrig herumstreunt, stand der Fremde vor meiner Tür, den Blick demütig gesenkt, die Schultern vor Hoffnungslosigkeit niedergedrückt. In der Hand hielt er eine abgeschabte Ledermappe, wie sie ausgemusterte Soldaten oder unterbeschäftigte Orgelspieler mit sich zu führen pflegen. Den Reisenden umhüllte ein mehrmals geflickter und gewendeter Anzug, der Mann verdiente Mitleid, mir lag auf der Zunge, die chinesische Begrüßungsformel zu verwenden: „Haben Sie sich heute schon einmal satt gegessen?" Ich unterdrückte die Bemerkung, dass meine Rente aus dem Erwerbsleben auch nicht gerade üppig zu nennen war. Sein Ehrgefühl schonend, bat ich ihn, mir in mein Arbeitszimmer zu folgen und mir seine Geschichte in Ruhe zu erzählen. Zunächst recht stockend, ich glaube, in seinen Augenwinkeln funkelten Tränen, dann zunehmend flüssiger, teilte er mir dies ganz offen mit:
„Meine Geburt verlief äußerst glücklich, ich kam in einem kapitalistischen Land zur Welt, in dem jedem Bürger ein Leben im Wohlstand ermöglicht wird, wenn er nur tüchtig ist. Leider war die Geburt das letzte Glück, an das ich mich schwach erinnern kann, bald darauf starben meine lieben Eltern und ich kam in ein Waisenhaus. Später nahm mich ein Onkel an Kindes statt an, der Immobilien im Werte mehrerer Millionen sein Eigen nannte. Er besaß ganze Straßenzüge von Köln, Anteile an Maschinenfabriken, Fernsehtürmen, Aktien der Deutschen Bank sowie eine Tankerflotte im Persischen Golf. Er setzte mich vor dem Notar zu seinem alleinigen Haupterben ein, unwiderruflich, sodass mir Auserwähltem ein Leben in Glück und Reichtum bis zum letzten Atemzug beschieden schien. Habe ich vergessen zu erwähnen, dass mein Onkel ein berühmter, ja ein besessener Sammler war? Ihn reizte es nicht, Gemälde zu sammeln oder alte Autos, nein, mein Onkel vermaß sich, die ausgefallensten Dinge zu sammeln, getrocknete Heuschrecken oder Propeller von Kriegsflugzeugen. Zeit und Vermögen kostete ihn vor allem eine in der Welt einzigartige Echosammlung. Er besaß Echos von den Rocky Mountains und aus Tirol, solche mit dreifachem Widerhall und ohne, in der Nacht oder nur bei Windstille zu hören. Kaum war seine Sammlung im Buch der Rekorde eingetragen, begannen viele Leute Echos zu sammeln, die Nachfrage stieg, das Angebot wurde weltweit knapp, selbst Reinhold Messner konnte keine mehr besorgen, kurz, die Auktionspreise erreichten schwindelnde Höhen und stürzten bei der nächsten Wirtschaftskrise in bodenlose Tiefen. Alles, was meinem Onkel von seinem Reichtum

blieb, war seine Sammlung von Luft, wohl verpackt in Blechdosen, eingeschweißt, mit Etiketten versehen, damit auch spätere Geschlechter wissen konnten, was sich in jeder Dose befand, bevor sie sich anschicken würden, daran zu schnuppern.
Der zweite Start als Sammler und Unternehmer gelang über Erwarten gut, zumal mein Onkel davon überzeugt war, dass gute Luft auf dem Erdenrund von Tag zu Tag knapper werde. Bald füllte seine neue Sammlung von Düften von Jasmin, Flieder und Tannenaroma aus dem Schwarzwald leere Sporthallen, unbenutzte Schwimmbäder, stillgelegte Bundesbahnhöfe. Die Preise für sibirische Kaltluft oder für einen Hauch von den irischen Inseln stiegen ins Astronomische, sodass mein Onkel unversehens erneut zu Reichtum gelangte.
Die Nachricht von seinem überraschenden Ableben erschütterte mich umso tiefer. Es dauerte seine Zeit, bis ich mich überwand, mir einen schwarzen Anzug auszuleihen und den Notar, wie einbestellt, zur Testamentseröffnung aufzusuchen. Der Testamentsvollstrecker verhielt sich einigermaßen merkwürdig, statt mir etwas von dem erbetenen Kleingeld für den täglichen Bedarf vorzustrecken, erzählte er mir langatmig von der Not älter werdender Menschen, ein gültiges Testament aufzusetzen und von der nicht minder geringen Not zahlloser Erben, seltsame letzte Verfügungen zu erfüllen oder gar ererbte Schuldenberge abzutragen. Als er endlich auf das Vermögen und den letzten Willen meines verblichenen Onkels zu sprechen kam, bedauerte der Notar, mir mitteilen zu müssen, dass ab sofort sämtliche Konten gesperrt seien. Der Reichtum meines Onkels, behauptete er, sei gänzlich durch die absonderlichen Sammlungen und nutzlosen Streitigkeiten aufgezehrt, insbesondere habe ihm der Prozess mit dem König von Nepal um das Luftmonopol auf dem Mount Everest im Himalaja den Rest gegeben und an den Bettelstab gebracht. Das Einzige, was mir als Alleinerben übrig geblieben sei, wäre ein Restposten Luftdosen in einem alten Lagerschuppen. Betrübt ging ich nach Hause, wo ich, zu allem Übel, die Verlobungsanzeige meiner langjährigen Freundin mit einem Ölmillionär vorfand."

An dieser Stelle hielt der Stadtreisende erschöpft inne und blickte verloren auf den Teppich, als wolle er dort mit den Augen ein Loch für sein Grab bohren.
Ich versicherte ihn meiner Anteilnahme, musste jedoch eingestehen, dass ich mit Bürsten, Kämmen, Waschmitteln, Klebstoffen jeglicher Art auf Jahre eingedeckt war. „Das macht rein gar nichts," sprach er traurig, „ich habe ohnedies nur Luft in Dosen vom Restposten zu verkaufen." Das traf sich gut, ich konnte mein Mitgefühl nicht länger zurückhalten und nahm ihm wenigstens zwei Dosen Berliner Luft sowie eine Dose ostpreußischer Luft, Jahrgang 38, ab. Weil die Dosen auf der Unterseite daumengroße Löcher aufwiesen, gab der arme Mann mir einen kräftigen Preisnachlass und legte eine Dose Nordseeluft von der Insel Juist gratis drauf.

Nach dem Handel bedankte sich der Verkäufer herzergreifend und schleppte seine müden, abgelaufenen Füße die Treppe hinab, in der zittrigen Hand einen Zettel mit Anschriften weiterer Pensionäre und Rentner. Durch die Gardine sah ich ihn aus der Haustür treten, gerade noch rechtzeitig, um ihn in seinem silbergrauen Porsche-Coupé um die Ecke entschwinden zu sehen.

Frei nach MARK TWAIN (1835–1910): Die Echosammlung.

STIMMUNGSLAGEN

3.3 Großvater als Demonstrant

Streng genommen wollte niemand Großvater seine Geschichten aus der Jugendzeit abnehmen. Er hatte sie zu oft erzählt und wohl auch übertrieben. Weil er aber Münchhausen verehrte und sogar seine Art zu erzählen sich angeeignet hatte, blieb höflichen Zuhörern kaum eine andere Wahl. Hier also seine persönliche Jugenderinnerung, so wahr wie die meisten:

Es war schon schicksalhaft geworden, dass nach politischen Demonstrationen jeglicher Art und gegen wen auch immer ausschließlich mich die kräftigsten und schnellsten Polizisten verfolgten, denn, wenn ich außerstande war, ihnen zu entkommen, schien gleichsam ihr Instinkt durch meine Hilf- und Wehrlosigkeit geweckt zu werden. Vielleicht war es dies, was ihnen, die doch zu Hause Familie hatten und ihre Kinder womöglich zu anständigen Bürgern der Bundesrepublik erzogen und, warum nicht, ihnen sogar Klavierunterricht erteilen ließen, den nicht gerade schmeichelhaften Titel „Bullen“ eintrug, der mitnichten für rechtschaffene Beamte angemessen scheint, wohl aber geeignet ist, den nun folgenden Vorgang des Näheren zu beschreiben, kann er doch nicht anders als jagdähnlich bezeichnet werden.

So hatte ich einstens gerade mein artiges Spruchband mit dem einfältigen Fähnlein daran gegen den Herrn Bundeskanzler ausgerollt, als auch bereits ein Polizist tatsächlich auf mich zuschoss, als wolle er mich augenblicklich zertreten und einen Wurm aus mir machen. Nichts bleib mir übrig, als hastig auf einen nahe stehenden Baum zu flüchten – ein Hubschrauber des Fangkommandos, der mich hätte mit einem Netz einfangen können, war nicht auszumachen – und eilends zu überlegen, wie ich mich der drohenden Feststellung meiner Personalien und endlichen Festnahme entziehen könnte. Von nicht unbeträchtlicher Ärgerlichkeit war ein mich zu Hause erwartender Gänsebraten, der von meiner mir ebenso treuen wie dem Majoran als Gewürz ergebenen Köchin zu einem mit Funkspruch verabredeten Zeitpunkt in die Röhre geschoben worden war, als ich noch hoffen durfte, dass man die Polizeieinheiten wegen herbeieilender TV-Kameraleute vom Schauplatz abziehen würde.

Nichts von alledem geschah, unten am Baum verharrte der Polizist, blickte durch die schmalen Schlitze seines Schutzhelmes himmelwärts, mich keine Sekunde aus dem Auge lassend, neben sich zähnefletschend seinen auf Mann dressierten Polizeihund, neuerdings übrigens mit Pensionsberechtigung ausgestattet, mit den Vorderpfoten erregt den Erdboden aufwühlend. In den nächsten Sekunden würden sie mir nachsetzen, ohne dass ich höher in den Baumwipfel hätte klettern können, bog er sich doch schon jetzt unter meinem sonst nicht großen, von Vollwertkost in Balance gehaltenen Lebendgewicht in bedenklicher Weise. Dem wehrlosen und friedfertigen Demonstranten unserer Tage – als solcher bezeichnete ich mich füglich und aus gutem Grunde, denn das Ärgste, was ich je zur Verteidigung der Bundesrepublik gegen Willkür und Unterdrückung in die Hand nahm, waren ausgereifte Tomaten und Eier, deren Frischhaltedatum überschritten war – stehen billigerweise allenfalls Mittel psychologischen Widerstands zur Verfügung, will er seine Haut retten und der Freiheit einen Dienst erweisen. Ein Hauptproblem, den Hund betreffend, war meine Unwissenheit, auf welcher Polizeischule für Diensthunde er seine Ausbildung genossen hatte; in einem christlich geführten Bundeslande würde er vermutlich auf Linke scharf sein, in einem ehemals sozialistischen auf Jeans, US-Uniformen oder jedenfalls auf alles, was je mit Kaugummi, Coke oder Hotdogs in Berührung gekommen sein mag, haben doch auch Hunde durchaus menschliche Vorurteile und stürzen sich auf Opfer derselben.

Seltsam immerhin, ein junger Patriot und Anhänger preußischer Traditionen mag diesen dressiert haben; auf alle Fälle, als ich, auf gut Glück, dem deutschen Tier Befehl erteilte, sich zu trollen, klemmte der vierbeinige Beamte gehorsam den Schwanz ein und entfernte sich gemächlich in Richtung seiner fahrbaren Unterkunft mit Hundeklo und Dusche.

Übrig blieb jetzt nur der Bulle, zum Zweikampf gewillt, der eine Dose zum Vorschein brachte, offensichtlich ein Kampfmittel enthaltend, geeignet, dem Getroffenen das Wasser in die Augen zu treiben. Gleichviel, binnen kurzem würde ich offensichtlich verloren sein, ich sprach ein Stoßgebet und rief das Grundgesetz sowie die Menschenrechte zu Zeugen auf – Rettung war nirgendwo in Sicht – da fiel dem Bullen die Sprühdose aus der Hand. Mehr, in diesem ungewöhnlichen Augenblick überfiel mich blitzartig eine Erleuchtung, hatte ich doch bislang übersehen – heute wüsste ich nicht zu sagen, warum eigentlich –, dass die winterliche Außentemperatur weit mehr als zwanzig Grad minus betrug, ein ungewöhnlicher Wetterumstand, wie er uns in diesen Breiten nur selten beschert wird. Zudem, mitunter kann der Mensch unverhofftes Glück nur schwer erkennen und ertragen, hatten mir vielfache Ängste, in die Klauen der Staatsgewalt zu gelangen, eine ungewöhnliche Menge von Flüssigkeit in die Blase getrieben, mit einem Wort, die Entleerung eilte und so richtete ich den Strahl auf die am Boden liegende Dose mit dem Tränengas oder was immer sie an Teuflischem enthielt. Potzblitz, augenblicklich gefror der Strahl und heftete sich unversehens derart an die Dose, dass ich sie, wie an einer Stange befestigt, zu mir auf den Baum in die Höhe ziehen konnte.

Als jetzt der Bulle wütend Anstalten machte, zu mir auf den Baum zu klettern und mich im Namen des deutschen Volks festzunehmen, löste ich rasch den Sicherheitsverschluss und richtete den Sprühstrahl direkt auf sein pflichtbewusstes Gesicht, was er mit einigem Schrecken und Entsetzen zur Kenntnis nahm. Sofort ließ die Staatsgewalt von mir ab und widmete sich den vorübergehend getrübten Augen, währenddessen ich mich hastig von dem Baum herabgleiten ließ.

Eilends machte ich mich unbehelligt davon, ohne zu vergessen, dem Polizisten, wie es der Anstand gebietet, im Davonspringen von Herzen ein frohes Wochenende zu wünschen.

Frei nach GOTTFRIED AUGUST BÜRGER (1747–1794):
Münchhausens seltsame Bärenjagd.

GLÜCK

Glücklich machen ist das höchste Glück.
THEODOR FONTANE

Glücklich ist nicht, wer anderen so vorkommt, sondern wer sich selbst dafür hält.
SENECA

Das höchste Glück ist immer das verlorene.
G. H. R.

Glück ist Talent für das Schicksal.
NOVALIS

Wenn man glücklich ist, soll man nicht noch glücklicher sein wollen.
THEODOR FONTANE

Viele Menschen versäumen das kleine Glück, weil sie auf das große vergeblich warten.
PEARL SYDENSTRICKER BUCK

Glück ist Selbstgenügsamkeit.
ARISTOTELES

Neun Zehntel unseres Glücks allein beruhen auf Gesundheit.
ARTHUR SCHOPENHAUER

Glück ist gute Gesundheit und ein schlechtes Gedächtnis.
ALBERT SCHWEITZER

3.4 Hausmann werden ist nicht schwer

Für den Karriere bewussten Ehemann ist der Übergang vom beruflichen Engagement zum gewissenhaften Hausmann, warum nicht Hausmanager, eine Kleinigkeit. Je weniger er sich in Jahrzehnten um Fron und Last der Hausfrau gekümmert hat, umso unbeschwerter kann er sich nun daran machen, den Einkauf zu organisieren, die Lagerhaltung im Keller zu rationalisieren, den Staubsauger zu reparieren und systematisch Fallen für Wühlmäuse im Garten aufzustellen. Nur auf eines ist er nicht gefasst, dass die bewährte Hausfrau und Gattin ihn eines Tages für wenige Stunden allein im Haushalt zurücklässt. Dann schreitet das Unglück schnell, jedoch der kluge, frisch umgeschulte Ruheständler weiß selbst daraus noch Vorteil zu ziehen.

Erfahrene Ehemänner haben längst erkannt, wovon die Rede ist. Hausierer an der Wohnungstür können zur Plage werden. Neuerdings scheuen sie keinen Trick, ihre unnützen Produkte loszuwerden. Und so ein frisch gebackener und untrainierter Hausmann ist ihren Machenschaften hilflos ausgeliefert. Frei herausgesagt, jede Stunde kann es Sie, dich und mich treffen! Es ist wirklich eine Schande, wie dreist sich Verkäufer an der Wohnungstür aufführen. Im Volksmund kennt man sie unter der Bezeichnung Klinkenputzer oder Drücker. Gemeint sind jene Spezies von Zeitgenossen, die vertrauensseligen Bürgern auf eigenem Territorium einen Strick drehen.
Entweder offerieren die Eindringlinge Produkte, die im Haushalt im Überfluss vorhanden sind oder solche, die niemand benötigt. Selbstredend weiß der gebildete Zeitgenosse, mit welchen Tricks einem heutzutage Rheumasocken, Illustriertenabonnements und Drahtbürsten angedreht werden. Ausrückende Werbekolonnen nehmen sich Häuserblocks, Haus für Haus, vor. Die Technik des Türöffnens wird vorher eingeübt. Die Hausierer hängen sich wie Kletten an den Türgriff. Kürzlich haben sich etliche mit Ketten angeschmiedet. Ist die Tür erst einmal um einen Spalt geöffnet, reagieren sie blitzschnell. In den Spalt stecken sie ihre mit Stahlkappen verstärkten Schuhspitzen. Es wäre zwecklos, darauf ein Pistolenmagazin zu verfeuern. Ist übrigens ein Verkäufer an der Haustür nicht zufällig Student, dann gibt er sich auf jeden Fall als entlassener Strafgefangener aus. Das gehört zur Legende, eine einstudierte, rührselige Geschichte, die dem Zuhörer Wasser in die Augen treibt und ihn erweichen soll.

An einem tristen Novembertag geschah es. Meine Frau ließ mich zum ersten Mal allein in der Wohnung zurück. „Lass niemanden ein, und gib kein Geld aus“, sprach sie und entschwand meinen Blicken. Kurz darauf klingelte es. Im ersten Moment

wollte ich einen früheren Tipp meiner Teuersten beherzigen: „Wenn sich Hausierer nähern, musst du durch die geschlossene Tür rufen: ‚Die Herrschaft ist nicht zu Hause, ich bin bloß das Dienstmädchen!‘“ Mir wäre es albern vorgekommen, außerdem war ich kein Stimmenimitator. Vielleicht stand aber der Geldbriefträger vor der Tür, mit einem Lottogewinn?
Es würde genügen, einen Blick durch den Türspalt zu werfen, bei geschlossener Kette, versteht sich. War ich nicht hausmanns genug, mit einem armseligen Hausierer fertig zu werden?

Der optische Ersteindruck bestätigte den schlimmsten Verdacht. Vor mir stand eine männliche Figur mit strubbeligen Haaren, das Gesicht ölverschmiert. Die Hosen waren zerbeult und mehrfach geflickt. In der Hand hielt der Bursche einen Schraubenschlüssel oder Ähnliches. Kurz entschlossen stemmte ich mich mit aller Kraft gegen die Tür. Nur die angstvoll zugeschnürte Kehle hinderte mich daran, laut „Überfall“ zu rufen. Immerhin presste ich heraus: „Ich kaufe nichts an der Tür. Niemals. Nur über meine Leiche!“
Der Mann wummerte und pochte weiter. „Warum regen Sie sich so fürchterlich auf? Ich bin von den Technischen Werken. Ihre Wasseruhr ist nicht in Ordnung.“ Darauf konnte ich nur hysterisch lachen. „Ein bisschen billig Ihr Trick, finden Sie nicht? Zeigen Sie mir Ihren Ausweis, der vermutlich gefälscht ist.“
„Wie denn?“
„Durch die Tür schieben und drei Schritte zurücktreten!“
Ich nahm den Ausweis und rief bei den Technischen Werken an. Es handelte sich tatsächlich um einen Angestellten. Nach zehn Minuten war die Affäre vergessen.

Auf erneutes Läuten reagierte ich gewitzter. Ich öffnete vorsichtig und sah vor mir einen blendend aussehenden jungen Mann, tadellos gekleidet, frisch rasiert. Unaufgefordert zeigte mir der Herr ein Bündel Ausweise vor. Er wies sich als Mitglied eines Golfklubs aus und war Inhaber eines internationalen Consulting-Unternehmens, mit Sitz auf den Bahamas.
Mein Angebot, näher zu treten, lehnte er höflich ab: „Ich wollte mich nur erkundigen, ob Sie die Schrift der Verbraucherschutzverbände ‚Warnungen vor Hausverkäufern‘ gelesen haben?“ „Ja, ich erinnere mich. Aber was hat das mit uns zu tun?“
„Nun“, erwiderte Herr König, so hieß er, sanft, „ich habe den Text Satz für Satz studiert. Zu leicht wird Absatz 14.2 übersehen, in dem geschildert wird, wie raffiniert die Verkäufer auf die Mentalität harmloser Käufer eingehen.“ „Was Sie nicht sagen. Höchst interessant. Sie sollten wirklich einen Augenblick näher treten und mich beraten. Fragen der Menschenkenntnis kann man schlecht zwischen Tür und Angel abhandeln, nicht wahr?“

Widerstrebend ließ sich Herr König in die Wohnung zerren. Ich verriegelte von innen, damit er nicht fliehen konnte, bevor ich ihn ausgequetscht hatte. Getränke und Gebäck nahm er aus purer Höflichkeit an.
„Habe ich Sie vorhin richtig verstanden, Herr König, Hausierer werden gedrillt, auf die Persönlichkeit des Käufers individuell einzugehen?"
„Durchaus. Nehmen wir den Schüchternen zum Beispiel. Ein harter Verkaufsstil wird ihn noch ängstlicher machen, als er es ohnehin ist."
„Wie lautet die Verkaufspsychologie in diesem Falle?"
„Schüchterne sind langsam und brauchen Zeit für ihre Entscheidung. Man wird Geduld üben und Eselsbrücken bauen sowie eine Schachtel mit Garantiescheinen vorzeigen."
„Toll. Wo kann man dergleichen lernen, auf Menschen einzugehen?"

Herr König hob segnend seine Hände. „Bei Ihnen erübrigt sich ein solches Studium. Hätten Sie ohne Menschenkenntnis den Mut gefunden, einen wildfremden Menschen in die Wohnung zu lassen und zu bewirten?"
Ich wehrte mit angeborener Bescheidenheit ab. Zum Schein erkundigte ich mich: „Welchem Typus würden Sie mich denn zurechnen?"
„Dem Kundentyp der Selbstbewussten", sagte er, ohne zu zögern, „solche selten anzutreffenden Menschen wissen, wie bedeutend sie sind. Ihre Persönlichkeit und Größe stellen sie durch eine rasche Kaufentscheidung unter Beweis." Mit diesen Worten legte er mir einen Bestellschein vor, den ich eilends unterschrieb, um nicht einem schäbigeren Typ zugeordnet zu werden.

Das Abonnement über Verkaufspsychologie erhalten wir inzwischen im dreizehnten Jahrgang. Der Anblick des anwachsenden Papierstapels bestätigt mir jeden Tag, wie richtig mich Herr König eingeschätzt hat. Ein unbezahlbarer Kauf. Wirklich!

GÜNTHER H. RUDDIES

3.5 Schule des Vergessens

Während einer Mittagspause ungeraden Datums tauchte Busenfreund Heinrich Pfefferkorn bei mir auf, unangemeldet. Er traf mich auf meiner Liegestatt an, weil ich dort zufällig, wie nach jedem Mittagessen, zu regenerieren pflegte. Für einen Freund nahm er sich allerhand heraus. Ich beschloss, ihm bei nächster Gelegenheit das „Sie" anzubieten. „Was treibst du hier?", begehrte ich kühl zu wissen, „du bist nicht mehr Topmanager, sondern Ruheständler wie hunderttausend andere Leute. Wozu also die Hektik?"

Pfefferkorn schien es nicht zu kümmern, dass er mich aus dem Mittagsschlaf aufgeschreckt hatte.

Er ging zur Bar, schenkte sich Cognac ein und hielt einen kleinen Vortrag aus dem Stegreif. Verschlafen, wie ich war, kann ich ihn, leider, nur stichwortartig wiedergeben. So behauptete er in beherzten Worten ungefähr dies: Die Welt müsse zugrunde gehen, weil Menschen nach dem Erwerbsleben schlecht vergessen könnten – Schulden, die Namen von Gläubigern hätten sich unauslöschlich eingeprägt – man erinnere sich an schikanöse Vorgesetzte – man quäle sich mit der Boshaftigkeit von Konkurrenten – Ärger über Nichtbeförderungen und Mobbing nage weiter.

Seine Aufzählung begann mich zu nerven. Was das alles, bitte schön, mit mir zu tun habe?

„Wir brauchen eine ‚Schule des Vergessens', um unbeschwert weiterleben zu können."

„Deswegen musstest du mich wecken? Hätte das nicht bis zum Abend Zeit gehabt? Unsereiner vergisst mit den Jahren Überflüssiges und Unliebsames auf ganz natürliche Weise!"

Heinrich Pfefferkorn schlug die Hände über dem Kopf zusammen.

„Dass ihr einfachen Privatleute nie begreifen werdet, was in der Brust eines Wirtschaftskapitäns vorgeht, nachdem er von Bord gegangen ist."

„Mir dämmert etwas. Du kannst schlechte Bilanzen nicht vergessen?"

„Unsinn. Die Verantwortung lässt einen nicht los, wenn du verstehen kannst, was ich meine."

Was ging das mich an? Er kam auf mich zu, sah mir fest in die Augen, drehte einen Knopf an meinem Hemd ab. „Ich habe einen Schulungskursus ausgemacht: ‚Schule des Vergessens', einfach ideal für Menschen, die im Ruhestand von Erinnerungen an das Berufsleben geplagt werden. Ich bitte dich lediglich, während der Kursdauer in deiner Wohnung übernachten zu dürfen."

Nun gut. Wenn er weiter nichts wollte. Ich übergab ihm den Wohnungsschlüssel und nahm ihm das Versprechen ab, mich mit der ungewöhnlichen Angelegenheit nicht weiter zu behelligen. So nahm der Kursus seinen Lauf; über die nachhaltigen

Lernfortschritte beim Vergessenlernen im Ruhestand habe ich mir heimlich einige Aufzeichnungen gemacht. Ich gebe sie hiermit, streng vertraulich, weiter:

Ergebnisse, nach vier Wochen Vergessenstraining:
„Was habt ihr in den ersten Wochen gemacht, Heinrich?“, erkundigte ich mich. Der Kursteilnehmer musste sich längere Zeit besinnen, was während seiner aktiven Zeit nicht seine Art war. Er lief rot an und bekam vor Anstrengung feuchte Hände, bevor ihm Näheres einfiel.
„Warte einen Moment. Vermutlich haben wir das reziproke, mnemotechnische Verfahren geübt. Das ist die von den Griechen überkommene Methode, sich Zahlen, Namen, Gegenstände wirksam einzuprägen. Erinnerst du dich an die Schulzeit?“
„Wer besucht den Kursus, ich oder du?“
Soweit ich seine Ausführungen verstand, schien man die Kursteilnehmer zu trainieren, das mnemotechnische Verfahren einfach umzudrehen, mit seiner Hilfe rückwärts Daten zu löschen, statt zu speichern. Eine geniale Idee.
Ergebnisse, nach zwei Monaten Vergessenstraining:
Die ferne Turmuhr schlug zwölf Uhr Mitternacht. Von Heinrich Pfefferkorn keine Spur.
Ich machte mir Sorgen um ihn. Es häuften sich die Fälle, dass erfolgreiche Teilnehmer ihren Namen und Adressen vergaßen. Für den Abschlussball hatte die Kursleitung deshalb, vorsorglich, jedem kleine Täfelchen um den Hals gehängt. Der Freund musste sich verlaufen haben. Meine Erkundigungen bei der Polizei ergaben, dass zwar zahlreiche Kursteilnehmer die Arrestzellen füllten, ein gewisser Pfefferkorn war aber nicht darunter. Daraufhin gab ich eine Vermisstenanzeige auf und legte mich zu Bett. Am nächsten Morgen rief die Psychiatrische Klinik bei mir an, ich solle einen Fall von totaler Amnesie abholen.
Unser Wiedersehen war traurig. Busenfreund Heinrich Pfefferkorn erkannte mich nicht wieder. Seinen Namen gab er mit Paprikaschote oder so ähnlich an. Der Zustand hielt wochenlang, ohne Veränderung, an. Demnächst hätte ich ihn in die Anstalt zurückbringen müssen.

Da fiel mir zufällig ein Prospekt in die Hände: „Gedächtnistraining für Topmanager im Ruhestand“. Eilends meldete ich ihn an.
Um es kurz zu machen: Er absolvierte ihn mit glänzendem Erfolg. Nach Wochen beherrschte er das große Einmaleins und konnte die Börsenkurstabelle rückwärts aufsagen. Merkwürdig ist bloß, dass er bei jedem Wiedersehen mit den Augen blinzelt und mich mit „Herr Paprikaschote“ anspricht.

GÜNTHER H. RUDDIES

GESUNDHEIT

Gesundheit und Verstand, das sind die beiden Lebensgüter.
MENANDER

Gesundheit ist leichter verloren als wiedergewonnen.
SPRICHWORT

Wie sich körperlich viele für krank halten, ohne es zu sein, so halten umgekehrt sich viele für geistig gesund, die es nicht sind.
CHRISTOPH GEORG LICHTENBERG

Die beste Medizin: sich gesund fühlen und darüber reden.
G. H. R.

Gott macht gesund – aber der Doktor bekommt's Geld dafür.
FRANZÖSISCHES SPRICHWORT

Die Gesunden bedürfen des Arztes nicht, sondern die Kranken.
MARKUS 2,17

Wohlaufsein: Die Einsicht, dass es schlimmer sein könnte.
G. H. R

Der beste Arzt ist jederzeit des Menschen eigne Mäßigkeit.
JOHANN WILHELM LUDWIG GLEIM

Gesundheit bedeutet für Hypochonder das Ende.
G. H. R.

4 Aller Anfang ist schwer – Versuchen Sie zunächst gut zu schlafen

Allen aus dem Wege gehen,
die schlecht schlafen und nachts wachen.
FRIEDRICH NIETZSCHE

Warum sollten Sie im Ruhestand nicht gut schlafen, womöglich sogar besser als in den Jahren Ihrer Erwerbstätigkeit, und zwar fest, tief, bärenstark? Vielleicht jedoch schlafen Sie – ebenso – schlecht oder gar schlechter?
Umstellungsschwierigkeiten können sich aus der neuen Situation ergeben. Schließlich ist eine jahrzehntelange Berufstätigkeit keine Kleinigkeit, über Jahre haben sich Einschlafgewohnheiten gebildet, die Beanspruchung tagsüber war gänzlich anders. Vieles ist nun ungewohnt und ungeübt.
Äußerlich betrachtet fallen im Ruhestand Druck, Zwänge, Stress weg, kein Wecker schrillt, niemand drängt am frühen Morgen zur Pünktlichkeit. Stattdessen kommen bislang unbekannte Gedanken ins Spiel: Ängste, das Gefühl, nicht mehr gebraucht zu werden oder etwas im Leben zu versäumen. Der Kontakt mit Arbeitskollegen, anregende Unterhaltungen, selbst belebender Ärger entfallen. Jetzt bleibt mehr Zeit, nach innen zu horchen, auf körperliche und psychische Signale zu achten, denn die Kondition lässt sich nicht mit der von vor zehn oder zwanzig Jahren vergleichen.

Schlafschwierigkeiten sind weit verbreitet. Sie müssen für sich ausprobieren, was Ihnen persönlich beim Einschlafen hilft oder schadet. Meistens kommen mehrere Ursachen zusammen, weil Schlaflosigkeit ein komplexes und vielschichtiges Problem ist.

! Tipp: Darum macht es Sinn, mit einem Bündel oder Netz von Gegenverhalten zu reagieren. Versuchen Sie, möglichst viele einzelne Verhaltensregeln gleichzeitig anzuwenden, da diese dann einander verstärkend und somit Erfolg versprechender wirken.

4.1 Finden Sie Ihre persönlichen Schlafgewohnheiten und Ihre persönliche Schlafmenge

Nicht einmal einem Auto bekommt eine scharfe Notbremsung, geschweige denn Körper und Psyche. Selbst längerfristig ist kaum aus einem „Tagmenschen“ ein „Nachtmensch“ zu machen, ein so genannter Frühaufsteher bleibt sich vermutlich sein Leben lang treu.

Organisieren Sie deshalb Ihren Tagesablauf zumindest am Anfang des Ruhestandes so, als hätte sich wenig geändert. Machen Sie sich ein Programm, das Sie nötigt, festgelegte Zeiten einzuhalten, und das Anspannung und Entspannung im Wechsel ermöglicht.
Wichtig ist ein lebendiger Rhythmus auch zwischen körperlicher und geistiger Betätigung. Reiner Müßiggang auf Dauer ist aller Schlafschwierigkeiten Anfang!

Stellen Sie Ihre persönliche Schlafmenge fest

Wissenschaftlich ist die Erkenntnis abgesichert, dass die meisten Menschen mit zunehmendem Alter weniger Schlaf benötigen. Die viel zitierte Achtstundennorm hilft ebenso wenig weiter wie die Einteilung nach Schlaftypen in Kurz- oder Langschläfer. Sie haben keine andere Wahl, als Ihr wirkliches Schlafbedürfnis herauszukriegen, und zwar durch sorgfältiges Beobachten von Schlafmenge, -zeitpunkt und -intensität.

Aber Achtung! Es gibt eine eingebildete Schlaflosigkeit, die mit höherem Alter zunimmt: Mittagsschläfchen und kurze Nickerchen werden schlicht vergessen und nicht mitgezählt. Da hilft nur ein Zweitbeobachter – Partner, Lebensgefährte –, der Ihnen bestätigt, ob Sie am Tage oder in der Nacht „stundenlang kein Auge zugemacht haben“. Fühlen Sie sich trotz genügender Schlafmenge nicht wohl, unausgeschlafen, wenig belastbar und unternehmungslustig, ist es angebracht, einen Schritt weiterzugehen.

4.2 Erforschen Sie Ihre Bedingungen für einen guten Schlaf

Selbsttäuschungen können einen üblen Streich spielen, Vermutungen allein helfen nicht weiter. Stellen Sie so lange Versuche an, bis Sie die Ursachen für Ihre Schlafbeschwerden herausgefunden haben.

Variieren Sie zunächst äußere Schlafbedingungen und Einzelfaktoren in festgelegten Zeitabständen, damit Sie durch Vergleiche erkennen können, was Sie stört und beeinträchtigt.

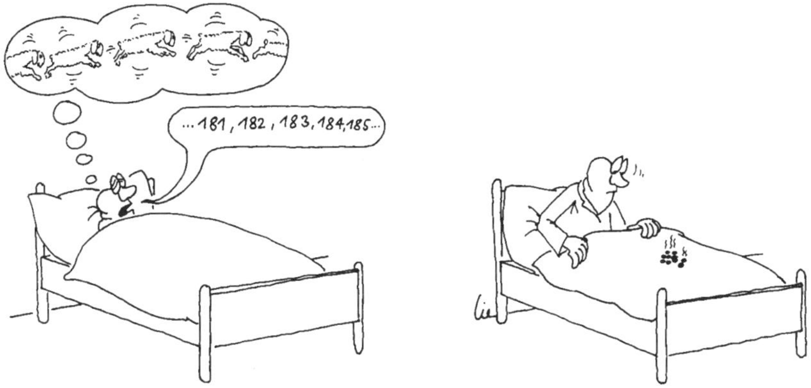

Mit Ja/Nein sollten die folgenden Fragen beantwortet werden können, um herauszubekommen, was besser ist:

Was hilft mir, gut zu schlafen:

	Ja	Nein
Essen/trinken Sie wenig vor dem Schlafengehen?	☐	☐
Essen/trinken Sie viel vor dem Schlafengehen?	☐	☐
Lesen Sie?	☐	☐
Sehen Sie fern?	☐	☐
Unterhalten Sie sich?	☐	☐
Spielen Sie?	☐	☐
Tun Sie nichts?	☐	☐
Helfen Entspannungsübungen, Meditation,		
Gymnastik, Kneippkuren?	☐	☐
Helfen Veränderungen des Geräuschpegels,	☐	☐
der Raumtemperatur,	☐	☐
der Frischluftzufuhr,	☐	☐
des Feuchtigkeitsgrades,	☐	☐
der Kopfstützen	☐	☐
bzw. Unterlagen im Bett?	☐	☐

Tipp: Gute Gelegenheit zum Ausprobieren bieten Veränderungen des Schlafplatzes in der Wohnung oder Ihr Schlafverhalten im Urlaub, auf Reisen, nach geselligen Veranstaltungen, anstrengenden Besichtigungen oder erholsamen Wanderungen. Was kratzt Sie auf, sodass Sie keinen Schlaf finden – was bewirkt das Gegenteil?

4.3 Gehen Sie psychischen Ursachen von Schlafstörungen nach

Häufig signalisiert der Körper z.B. durch Schlafstörungen, dass psychische Konflikte vorliegen. In diesem Falle macht es wenig Sinn, an den Symptomen herumzukurieren. Bei schwereren Depressionen, Neurosen, Grundängsten, Alpträumen ist es bedenklich, allein mit Schlafmitteln, Tabletten oder Alkohol dagegen anzugehen. Hier ist es angebracht, einen Arzt oder Psychotherapeuten aufzusuchen. Bei Krankheiten und klinischen Befunden werden bewährte Methoden wie Heilschlaf, Laborschlaf sowie spezielle Therapien eingesetzt.

Im gesunden psychischen Normalbereich gibt es unterschiedliche Einflüsse, die Schlaf hemmend oder Schlaf fördernd wirken. Dazu gehören heftige Diskussionen, Streit, intensive Lektüre, aufregende Fernsehbilder, Erlebnisse, Begegnungen, das Auf und Ab im Alltag.

Um innerlich zur Ruhe zu kommen, abschalten zu können, haben sich autogenes Training, Yoga-Übungen, Bildbetrachtungen, Meditationen oder Musikanhören bewährt. Diese und andere Methoden werden auch von Bildungseinrichtungen in der Nähe Ihres Wohnortes angeboten, von Volkshochschulen, Kirchengemeinden, Selbsthilfegruppen. Fragen Sie bei Krankenkassen und Kurverwaltungen nach, oder schreiben Sie einfach an die Zentralen von Verbänden und Organisationen. Sie werden Ihnen mit einschlägigen Auskünften weiterhelfen. Einige nützliche Adressen und Literatur zu diesem Thema finden Sie im Anhang dieses Buches.

4.4 Ziehen Sie eine positive Tagesbilanz

Vor dem Einschlafen ziehen viele Menschen unwillkürlich eine Tagesbilanz und lassen wichtige Augenblicke nochmals vor dem inneren Auge vorüberziehen. Wohl dem, der zu einem positiven Ergebnis kommt und darüber zufrieden lächelnd einschläft.

Häufig jedoch drängt unkontrolliert Ärger ins Bewusstsein, Frust oder erlittene Demütigungen bestimmen die Gefühle. Unbewusste Tagesreste, trübe Gedanken und ungelöste Probleme machen dem Schlafsuchenden zu schaffen. Vor dem inneren Auge ziehen unliebsame Erlebnisse und Begegnungen vorüber. Die Schwierigkeit ist: Vor dem Einschlafen findet keine gesteuerte Aufarbeitung und Ausbalancierung von Plus und Minus statt. Was nicht aufgearbeitet wurde, wird zum Stoff, aus dem Alpträume entstehen.

Vielen graut vor dem kommenden Tag. Ängstlich malen sie sich aus, was alles passieren könnte. Schalten Sie die negative Programmierung ab!
Stellen Sie sich vor, was Ihnen Freude bereitet hat, erinnern Sie sich an Erfolgserlebnisse, und malen Sie sich im Geiste angenehme Bilder aus. Eine weitere Möglichkeit ist, sich den kommenden Tag möglichst konkret freundlich und positiv vorzustellen. Wen werden Sie treffen, ansprechen? Was werden Sie sich gönnen, wem eine Freude bereiten? Vielleicht lässt sich ein Besuch arrangieren oder eine abwechslungsreiche Unternehmung planen?

Verschwenden Sie keine Gedanken an Dinge, die Sie ohnedies nicht ändern können. Das gilt besonders für Ihre Mitmenschen. Sprechen Sie sich mit der inneren Stimme Gelassenheit zu. Die Zeit heilt bekanntlich nicht nur Wunden, sie lässt Dinge und Menschen in Zukunft vielleicht auch in einem anderen Licht erscheinen. Geduld ist eine Tugend des Alters. Lassen Sie den vergangenen Tag nicht zu einer unendlichen Geschichte werden, mit dem kommenden beginnt eine neue.

ZEIT

Es ist nicht wenig Zeit, was wir haben, sondern es ist viel, was wir nicht nützen.
SENECA

Niemand kann vor seiner Zeit davonlaufen.
ALBERT SCHWEITZER

Die Leute, die niemals Zeit haben, tun am wenigsten.
CHRISTOPH GEORG LICHTENBERG

Die Zeit heilt Wunden.
NACH AUGUSTINUS

Eilig entschwindet die Zeit, unmerklich beschleicht uns das Alter.
OVID

Eins-zwei-drei! Im Sauseschritt läuft die Zeit, wir laufen mit.
WILHELM BUSCH

Keine Zeit ist mit der Zeit zufrieden; das heißt, die Jünglinge halten die künftige für idealer als die gegenwärtige, die Alten die vergangene.
JEAN PAUL

Es gibt Diebe, die nicht bestraft werden und dem Menschen doch das Kostbarste stehlen: die Zeit.
NAPOLEON I

Alles hat seine Zeit.
PRED. SALOMON 3,1

5 Bestandsaufnahme: Was will ich, was kann ich, was macht mir Spaß?

Spätestens zu Beginn des Ruhestandes ist es an der Zeit, eine Bestandsaufnahme vorzunehmen und die Startbedingungen für den neuen Lebensabschnitt zu klären. Es kommt darauf an, sich die Situation bewusst zu machen und neue Ziele zu setzen. Dabei wird klar, dass über die optimale Gestaltung des Ruhestandes niemand sonst befindet als die Ruheständlerin, der Rentner, Pensionär selbst. Die völlige Befreiung von Vorgaben, Vorschriften und Vorgesetzten wird als Beglückung erlebt, kann mitunter jedoch auch verunsichern.

In dieser Lage macht es Sinn, erst einmal für sich festzustellen, wo die eigenen Stärken und Schwächen liegen, was man unternehmen oder künftig besser lassen sollte. Neben geistigen Interessen werden die körperlichen und psychischen Möglichkeiten zu berücksichtigen sein. Lassen Sie sich dazu zu Beginn Ihres Ruhestandes von einem Arzt erst einmal gründlich durchchecken.

Nicht zu vergessen sind auch die finanziellen Mittel, die jedem individuell zur Verfügung stehen: von der bescheidenen Rente bis zur hohen Pension oder privatem Vermögen, evtl. extra für das Alter angespart. Hochfliegende Pläne und Wünsche wollen mit den Realitäten in Übereinstimmung gebracht werden. Zur angemessenen Selbsteinschätzung und Bestandsaufnahme von Interessen kann die folgende Checkliste dienen. Sie ist zur besseren Orientierung nach Sachgruppen geordnet.

✔ Was möchte ich im Ruhestand gerne tun?

1. Kreuzen Sie einfach an, was Sie interessiert **(A).**
2. In welcher Richtung sollten Sie etwas unternehmen **(B)?**
3. Kontrollieren Sie in Abständen, ob Sie aktiv geworden sind, und machen Sie gewissermaßen einen Soll/Ist-Vergleich **(C).**

Interessengebiete	**A Interesse**	**B Mögliche Aktivitäten**	**C Erfolgte Aktivitäten**
Gesellschaft/Politik			
Wirtschaft			
Recht			
Länder- und Völkerkunde			
Sprachen			
Philosophie			
Psychologie/Therapieformen			
Literatur/Theater			
Musik/Kunst/Ausstellungen			
Gestaltung (musisch/handwerklich)			
Medien, Rundfunk/ Fernsehen/Film			
Technik/Naturwissenschaften			
Umwelt			
Haushalt/Ernährung			
Gartenarbeit			
Gesundheit			
Sport/Spiele			

Beispiele für mögliche Aktivitäten (B)

Ehrenämter übernehmen,
Bürgerinitiativen organisieren, mitmachen
Nachbarschaftshilfe aktivieren,
bei Pflege- und Beratungsdiensten tätig sein.

Kurse/Vorträge besuchen,
Vorträge halten.

Besuch einladen,
Einladungen annehmen.

Sich Reisegruppen anschließen,
Reisen, Wegfahren, Ausflüge unternehmen.

Sprachen lernen,
Sprachkenntnisse auffrischen bzw. pflegen.

Lesezirkel arrangieren,
Briefkontakte anknüpfen bzw. pflegen,
Ehemaligentreffs wahrnehmen,
Stammtisch/Kaffeeklatsch pflegen.

Zeichnen, Malen,
Fotografieren, Schreiben,
Publizieren,
Werken, Tanzen, Kochen.

Musizieren,
Konzerte besuchen,
Singen, einem Chor beitreten,
Spielen: Karten, Schach, Kegeln.

Haushalt führen,
Einkaufen/Vorratshaltung betreiben.

Kneippen, Kuren,
Ernährung richtig einstellen,
sich Selbsthilfegruppen anschließen.

Sport: Schwimmen, Radfahren,
Wandern, Spazierengehen,
Jogging, Gymnastik,
Entspannungsübungen.

! **Tipp:** Ein Schritt in die richtige Richtung ist, Ansprüche, Erwartungen und Ziele weder zu hoch noch zu niedrig zu setzen. Es ist wie beim Hochsprung: Die nächste Latte sollte nur wenige Zentimeter höher aufgelegt werden; das motiviert, fordert heraus und weckt eigene Fähigkeiten.

Nicht zuletzt dient die Checkliste der Überprüfung, ob Sie schon an alles gedacht, sämtliche Möglichkeiten ausgeschöpft haben. Wenn sie Ihre Fantasie anregt und zu weiteren Unternehmungen ermutigt, umso besser.

5.1 Der Stellenwert von Bildung für die Lebensqualität

Der Stellenwert von Bildung verändert sich im Lauf des Lebens. Junge Menschen sind darauf angewiesen, sich während der Schulzeit, in Studium und Ausbildung auf ihre spätere Berufs- und Erwerbstätigkeit vorzubereiten. Erwachsene werden umgeschult oder nehmen an Fort- und Weiterbildungsmaßnahmen teil, um sich für eine Karriere oder die Übernahme von Funktionen zu qualifizieren. Im Berufsleben ist die Stärkung der Leistungsfähigkeit unter Wettbewerbsbedingungen ein wichtiges Ziel; wer nicht mit technischen Entwicklungen sowie der allgemeinen Wissensvermehrung Schritt hält, fällt zurück.

Wozu sich aber nach dem Erwerbsleben noch weiterhin bilden?
Spontan und oft unbewusst geben viele Menschen darauf eine schlüssige Antwort: „Geistig frisch bleiben hält jung!“ Diese Richtschnur gilt bis ins hohe Alter und bewährt sich – oft erst recht – angesichts körperlicher Beschwerden und Erkrankungen. Allerdings stellt sich geistige Frische nicht automatisch oder zufällig ein. Vielmehr wollen Bildungsangebote aufgegriffen, Initiativen entfaltet, Beweglichkeit im Denken, in Fantasie, Gedächtnis und Gesprächsführung geübt sein.

Vorzugsweise wird mit zunehmendem Alter auf die Gesundheit geachtet, man treibt Sport, die Ernährung wird umgestellt, der Arzt regelmäßig aufgesucht.

Wird parallel dazu genügend auf geistige Beweglichkeit und Erneuerung geachtet? Die Gelegenheit ist jetzt einmalig, die neu gewonnene Frei-Zeit sinnvoll zu nutzen; äußere Zwänge, Vorschriften, Prüfungsabschlüsse, Fremdbestimmung zählen ja nicht mehr, nur noch eigene Interessen und persönliches Engagement. Alle können ihre Lebensqualität verbessern, – vielleicht auch nur, um zu lernen: „Das wichtigste Resultat aller Bildung ist die Selbsterkenntnis" (E. v. Feuchtersleben).
Die weite Welt steht im Ruhestand offen – Bildung wird zum Erlebnis. An schulische Lehr- und Lernformen ist niemand mehr gebunden.

Der Bildungsbegriff ist in Deutschland überfrachtet; das Wort vom Volk der „Dichter und Denker" deutet auf überhöhte Ansprüche hin. Ein Farmer in Amerika soll sich einmal über Goethes Faust gewundert haben: „Jetzt hat dieser Mensch Philosophie, Medizin und Jurisprudenz studieren dürfen, warum ist er dann so unzufrieden?"
Unangebracht wirken Bildungsanforderungen vor allen Dingen dann, wenn Erwachsene ihretwegen verbergen müssen, was sie ab dem fünfzigsten Lebensjahr gerne tun – laut Statistik sehen sie beispielsweise doppelt so viel fern wie vorher. Oder sie ziehen unterhaltsame Lektüre schwerverdaulicher Lesekost vor. Die Freude an geistiger Aktivität bleibt entscheidend, unabhängig davon, ob sie sich an elitärer Literatur oder an geselligen Gesprächen mit Menschen im Alltag festmacht.

Allerdings ist die häufig anzutreffende Vorstellung fatal, dass es genüge, älter werdende Erwachsene simpel mit Spielchen oder belanglosen Tätigkeiten zu beschäftigen. Da liegt nicht nur eine falsche Auffassung von Bildung vor, sondern ebenso eine mangelnde Kenntnis von der Art und Weise, wie Bildung im Ruhestand aussehen könnte.

5.2 Weiterbildung im Ruhestand – mehr als nur Beschäftigungstherapie

Dass Weiterbildung im Ruhestand mehr bedeutet als eine Beschäftigungstherapie untersuchte ein Bildungsprojekt der Pädagogischen Arbeitsstelle für Erwachsenenbildung in Baden-Württemberg. Hier wird davon ausgegangen, dass man Intelligenz im Alter nicht nach dem so genannten „Defizit-Modell" beschreiben kann, wonach diese ab dem 30. Lebensjahr rundum abnehme; wissenschaftliche Untersuchungen haben längst Trainingserfolge etwa zum Sprachverständnis, zu Urteilsvermögen und Entscheidungsfähigkeit nachgewiesen.

LITERA-TOUR

In dem Projektergebnis konnte bestätigt werden, dass älter werdende Erwachsene zunehmend andere geistige Qualitäten schätzen und anwenden als früher. So streben sie nach Horizonterweiterung über das berufsbedingte Spezialwissen hinaus. Sie wünschen, sich vermehrt mit Menschen auszutauschen (kommunikative Fähigkeiten) und sich aus eigener Initiative zu informieren (Orientierungswissen). Sie verlieren sich im Denken weniger in Details, sondern suchen Zusammenhänge zu verstehen und Überblick zu gewinnen. Gleichzeitig sind sie in der Lage, schwierige Sachverhalte zu durchschauen und mündlich oder schriftlich verständlich auszudrücken. Diese Fähigkeiten sind Kennzeichen geistiger Reife, die wissenschaftlich als „zweite Naivität" bezeichnet wird. Damit ist der Blick für das Wesentliche im Leben gemeint und die Konzentration auf das Einfache, auf das, was Gewicht hat und zählt.

Interessant ist an der erwähnten Untersuchung ferner, dass geistige Interessen gerne mit Erinnerungen, Erfahrungen und historischem Geschehen verknüpft werden. Biografisch wurzelndes Wissen bildet geradezu eine Brücke zur lebhaften Anteilnahme an Gesellschaft, Kultur, Wissenschaft und Technik. Anders ausgedrückt: Vorwiegend personenorientierte Bildung weckt Interesse für Mit-Welt und Öffentlichkeit. Sie erfüllt nur ihren Zweck, wenn sie für die Einzelperson Sinn macht.

Welche Gründe sprechen für Weiterbildung?

Mitunter berichten die Medien über Menschen, die in fortgeschrittenem Alter ihren Doktor oder ein Hochschulstudium gemacht haben. Das ist eindrucksvoll und geschieht immer öfter. Die Mehrheit allerdings will nach einem arbeitsreichen Berufsleben nicht noch einmal die Schulbank drücken, sich nicht mit trockenem Lehrstoff beschweren und Prüfungen unterziehen. Die Motive zum Entschluss, sich um Weiterbildung zu kümmern, sind denn auch keineswegs einseitig auf Belehrung und Vermittlung von Informationen ausgerichtet. Aktive Menschen über fünfzig oder sechzig möchten persönlichen Gewinn aus ihrer Selbstbildung ziehen und den Verwendungszusammenhang erkennen können.

Untersuchungen haben zutage gefördert, was Erwachsene bei Bildungsveranstaltungen suchen und erwarten:

- **Informationen,** Fakten, Daten, Zahlen, die verwertbar sind und einen nahen Lebensbezug haben; am besten, wenn sie mit Unternehmungen, Reisen, Theaterbesuchen etc. in Verbindung gebracht werden können.

- **Gemeinschaft** mit Gleichgesinnten in Kursen, Seminaren, Werkgruppen. Bekanntschaften werden vertieft, neue Freundschaften begründet, Gesprächskreise gepflegt.

- **Selbstbestätigung** durch Selbsttätigkeit: Werken, Tanzen, Vorführungen, Ausstellungen, Singen. Künstlerische Betätigungen signalisieren und befriedigen das Streben nach Selbstfindung.

- **Emotionale Befriedigung** bricht in Bildungsgruppen private Isolierung auf. Angstfreie, ungezwungene Begegnungen mit anderen Menschen werden möglich; ganzheitliche Angebote beziehen Gefühle und Körperlichkeit mit ein. Geselligkeit, Unterhaltsamkeit sind starke Bildungsmotive und lassen Bildung zum Erlebnis werden.

- **Lebenshilfe** auf informeller Ebene wird in Fachgesprächen zu Themen wie Recht, Gesundheit, Geld und Wohnen gegeben, ebenso praktische Hilfe für Problemlösungen bei Konflikten aller Art. Soziale Kontakte regen zur Beteiligung an Initiativen und Selbsthilfegruppen an.

Neben ausgewiesenen Bildungsveranstaltungen können Bücher, Lesungen, Theater, Kinofilme, Messen, Exkursionen, Zirkel, Klubs den individuellen Bildungsbedürfnissen nicht minder Rechnung tragen. Zudem haben die Fernsehangebote stark zugenommen – was bleibt, ist die Qual der Auswahl.

Tipp: Aus alledem ergibt sich, dass ein Sie interessierendes Thema allein nicht unbedingt garantiert, dass Ihre Erwartungen an eine Veranstaltung erfüllt werden. Langatmige Vorträge lassen wenig Raum für Selbsttätigkeit. Im Zweifelsfalle sind Schnupperbesuche zu empfehlen. Viel läuft über Mundpropaganda: Erkundigen Sie sich einfach bei früheren Teilnehmern und Teilnehmerinnen, wo es ihnen am besten gefallen hat.

Weiterbildung und Ruhestandsprobleme

Überraschenderweise wird kaum beachtet, wie sehr Weiterbildungsveranstaltungen dazu beitragen können, konkrete Schwierigkeiten im Ruhestand zu beheben. Sie wirken mittelbar, weil sie weniger an direkten Wissenserwerb gebunden sind. Gleichwohl helfen sie, das innere und äußere Gleichgewicht zu halten, sowie den Lebensalltag bereichernd zu gestalten:

a) Das Zeitloch

Dem befürchteten Fall in ein Zeitloch kann entgegengewirkt werden: Die Selbstverpflichtung, regelmäßig Bildungsangebote wahrzunehmen, Materialien zu besorgen, Aufgaben vorzubereiten oder nachzuarbeiten, regt zur Zeitorganisation an. Zu Kursen, Vorträgen, Seminaren muss man sich anmelden, angesichts von Gebühren und Kosten lässt sich schlecht „schwänzen“. Der regelmäßige, geplante Besuch in einer Bibliothek kann helfen, Ruhe und Ordnung in ein Chaos von Zeitverschwendung zu bringen.

Ähnliche Wirkungen haben zu Hause beispielsweise eine auferlegte Pflichtlektüre – ein Buch, eine Zeitschrift wirklich durchlesen und durcharbeiten, sorgfältig Informationen über ein Thema/Sachgebiet sammeln – oder Fernsehdokumentationen, die Sie gesehen haben, mit jemandem gezielt besprechen; oder vertiefen Sie Ihr Hobby, wie Heimatforschung, Münzensammlung, Pflanzenzucht u.a.m., indem Sie weitere Informationen dazu einholen.

b) Die Sozialkontakte
Als Gegengewicht zur natürlichen Auflösung berufsbedingter Beziehungen helfen der Aufbau und die Pflege neuer Kontakte in Bildungsgruppen. Mann/Frau lernt außer Haus Gleichgesinnte kennen, begegnet neuen Gesichtern, kommt mit Fachleuten ins Gespräch. Arbeitsformen wie Teamarbeit, Projektgruppen, Workshops, Gesprächskreise fördern das Kennenlernen.
Übrigens, die Unabhängigkeit von Arbeitszeiten erlaubt, die Teilnahme an geselligen Veranstaltungen, Ausflügen, Vorträgen werktags völlig neu zu überdenken.

c) Weniger Herausforderungen
Wer rastet, der rostet, weiß der Volksmund. Wer lange Zeit nicht Auto fährt, kann unsicher werden. Darum sind auch im Ruhestand angemessene Leistungsanforderungen lebensnotwendig. Bildungsanforderungen können sämtliche Sinne in An-

spruch nehmen: Sehen, Hören, Sprechen, Tasten, Bewegen. Je ganzheitlicher die Methoden der Vermittlung und Aneignung und je mehr Selbsttätigkeit erwartet wird, desto besser. Bequemer Bildungskonsum ist keineswegs der Königsweg für geistige Lebendigkeit im Ruhestand!

d) Weniger Anerkennung

Image, Status, Rolle, Prestige – viel geht davon im Ruhestand verloren. Lob, Rückmeldungen für Leistungen fallen nach dem Erwerbsleben weg, persönliche Anerkennung wird seltener.

Überprüfen Sie Ihre Situation: Nimmt in diesem Augenblick, heute, im Lauf der Woche jemand wahr, was Sie tun oder lassen? Braucht Sie jemand?

Bei Weiterbildungsveranstaltungen können Erfahrungen und Kompetenz eingebracht werden, die für andere von Nutzen sind. Gemeinsame Unternehmungen bringen Erfolg und Bestätigung, sei es, dass man an kommunalen Veranstaltungen mitwirkt, Nachbarschaftshilfe organisiert, bei karitativen Organisationen mitmacht oder in Krankenhäusern Patienten ohne Angehörige betreut. Es bleibt ebenfalls Zeit, in der Politik aktiv zu werden oder in einem Verein eine Funktion zu übernehmen, nach dem Motto von Erich Kästner: „Es gibt nichts Gutes, außer man tut es.“

FREUNDE

Ein treuer Freund ist ein großer Schatz.
SIR. 6,4

Jedermanns Freund ist jedermanns Narr.
SPRICHWORT

Die Freunde nennen sich aufrichtig, die Feinde sind es.
ARTHUR SCHOPENHAUER

Der Satte ist dem Hungrigen kein guter Freund.
RUSSISCHES SPRICHWORT

Gegen Einsamkeit, Isolation: Liebet eure Freunde.
G. H. R.

Kurze Besuche verlängern die Freundschaft.
SPRICHWORT

Verwandte hat man, Freunde findet man.
G. H. R.

Aufrichtigkeit ist der Gipfel guter Manieren.
GEORG BERNARD SHAW

Freundschaft wie ein Sparguthaben behandeln: Von den Zinsen leben statt von der Substanz.
G. H. R.

Diene deinen Freunden ohne zu rechnen.
GOTTFRIED KELLER

6 Auch das Sozialleben will (neu) gelernt sein

Mit dem Eintritt in den Ruhestand ändern sich Bekanntschaften und Freundschaften, da helfen weder Schönfärberei noch Panikmache. Zwangsläufig nehmen berufsbezogene Sozialkontakte ab. Die Fahrgemeinschaft löst sich auf, Informationen aus dem Büro reißen ab, die früheren Kollegen im Kegelklub, Musikverein oder am Stammtisch, sprechen über aktuelle Ereignisse in der Firma – Ausgeschiedene werden rasch zu Außenseitern. Die „Sozialuhr" beginnt anders zu gehen, schrieb die Altenforscherin Ursula Lehr. Alle müssen im Privatleben ihre Rolle neu finden und einüben, jede Frau, jeder Mann.

LIEBE

Und die Liebe per Distanz, kurz gesagt, missfällt mir ganz.
WILHELM BUSCH

Irrationalität der Liebe: Die Menschen zu lieben, obwohl man sie kennt.
G. LAUB

Wer Liebe sät, wird Freude ernten.
SPRICHWORT

Schön ist eigentlich alles, was man mit Liebe betrachtet.
CHRISTIAN MORGENSTERN

Trennung frischt die Liebe auf.
SPRICHWORT

Einen Menschen lieben heißt ihn so zu sehen, wie Gott ihn gemeint hat.
FJODOR MICHAILOWITSCH DOSTOJEWSKI

Die Liebe sieht Undankbarkeit nicht an.
MARTIN LUTHER

Liebe besteht nicht darin, in den anderen hineinzustarren, sondern darin, gemeinsam nach vorn zu blicken.
ANTOINE DE SAINT-EXUPERY

6.1 Beziehungen – (fast) alles ist neu

Nicht nur die Axt im Hause ersetzt sprichwörtlich den Zimmermann, auch der Mann – mitunter. Endlich ist jemand zur Stelle, der renoviert, anstreicht, gärtnert und Geräte repariert. Der Mann im Hause hat Zeit genug, Haus und Garten in Ruhe auf Vordermann zu bringen. Oft aber hat es den Anschein, als gäbe es nichts, was lästiger oder überflüssiger wäre als ein ständig anwesender Mann, der nichts zu tun findet, sich nicht zu beschäftigen weiß.

Viele Hausfrauen mögen sich im Voraus fragen, wie es mit „ihm“ wohl auszuhalten sein wird? Als Rentner, Pensionär steht der Mann in der Wohnung herum, nörgelt, ist mit sich und der Welt unzufrieden, kurzum eine Nervensäge. Vor allem die bislang selbstständige Hausfrau ist auf Kommentare und Ratschläge nicht gefasst. Unablässig stellt der Mann die Radiomusik lauter oder leiser, rennt hin und her, spielt in der Küche den „Topfgucker“. Zieht er sich hingegen zurück, sitzt er vor dem Fernseher, dann stört ihn der Staubsauger oder der Lärm spielender Nachbarskinder. Er selbst kommt sich wie ein überflüssiges Möbelstück vor, von einer Ecke in die andere geschoben.

Selbstverständlich gibt es daneben Mustergatten, vorbildliche Partner und Hausmänner, die sich flexibel umstellen: Sie lernen kochen – die Partnerin könnte z.B. auch einmal krank werden – und bereiten ihr zu Hause den Himmel auf Erden. Sie wird dies umso mehr schätzen, wenn sie selbst noch im Erwerbsleben steht. Früher nannte man erstklassige Haushaltshilfen „Perlen“ –, weil sie so kostbar und selten waren.

6.1.1 Partnerschaftliche Beziehungen auf dem Prüfstand

Nach der Statistik sind knapp zwei Drittel aller Menschen über sechzig in der Bundesrepublik Frauen, nicht zuletzt wegen ihrer höheren Lebenserwartung. Ein großer Anteil von ihnen hat sich jahrzehntelang der „Familie gewidmet“. Diese Frauen regierten selbstständig und kompetent in ihrem Reich. Sie haben Kinder großgezogen, den Haushalt gemanagt, Geld- und Hauswirtschaft betrieben und sich mit modernen Erkenntnissen auf dem Gebiet der Ernährung, Gesundheit, Abfallvermeidung befasst.
Nun fühlen sie sich pausenlos beobachtet, kontrolliert; sie sollen ihre Entscheidungen rechtfertigen und unerbetene Ratschläge entgegennehmen. Kommen sie mit Freundinnen zusammen, wird telefoniert, bei geselligen Zusammenkünften ist jetzt – höchst ungewohnt – „der Mann“ mit von der Partie. Die Umstellung auf den Ruhestand betrifft demnach keineswegs die vorher Berufstätigen allein, sondern oft stärker noch die daheim gebliebenen Lebenspartner.

Gewiss sind Harmonie und Verstehen in der Ehe nicht vom Alter abhängig; die Scheidungsstatistik weist eher auf eine Gefährdung in frühen Ehejahren hin. Aber Veränderungen und Umbrüche wie die Umstellung vom Erwerbsleben auf das Privatleben können Anlässe für besondere Konflikte abgeben oder ungewohnte Chancen eröffnen.
Dabei entwickeln sich schwer wiegendere Probleme vielfach aus kleinen, zunächst unbeachteten Reibereien:
Früh aufstehen oder lange schlafen?
Wer darf die Zeitung (zuerst) beim Frühstück lesen, wenn überhaupt?
Sollen beide in den Tag hineinleben oder ihn gemeinsam verplanen?

Mahlzeiten strikt einhalten?
Über Spaziergänge, Einkäufe, Stammtischgespräche, Kaffeeklatsch wechselseitig informieren oder gar die Erlaubnis, Zustimmung für Vorhaben einholen?

Außenkontakte und Innenbeziehungen hängen voneinander ab. Verkümmern erstere allmählich, wird die Partnerin, der Partner umso mehr beansprucht. Stimmungen, Launen springen unmittelbar über. Man hat mehr Zeit füreinander, kann ausführlicher miteinander sprechen. Nur, wann tut es wohl, und wo beginnt die Einengung des Freiraumes? Anteil nehmende Wahrnehmung des Partners, seiner Gefühle ist die unverzichtbare Voraussetzung für wachsende Toleranz.

6.1.2 Vorwärtsorientierung statt Rückzug und Resignation

Die/der berufstätige oder allein stehende Frau/Mann wird im Ruhestand auf frühere Erfahrungen und Gewohnheiten sowie Kontakte eher zurückgreifen können. Unabhängigkeit gewohnt, sucht sie/er sich neue Nebenbeschäftigungen, bleibt selbstständig, schließt sich Gruppen an, die reisen, Sprachen lernen, wieder ein Studium aufnehmen, in der Politik mitmachen oder ihre Kenntnisse und Fähigkeiten in Vereinstätigkeiten einbringen. Sie/er hat es gelernt, auf Menschen zuzugehen, Initiativen zu organisieren, ihre/seine Angelegenheiten selbst in die Hand zu nehmen.
So besehen, mag der Übergang in den Ruhestand gleitend geschehen, er scheint abgefedert; dennoch kommt man mit zunehmendem Alter nicht umhin, ständig etwas gegen Alleinsein und Isolierung zu unternehmen.

Anders derjenige, der plötzlich seinen Lebenspartner durch Tod verloren hat. Bezüglich der Sozialkontakte fallen Witwen und Witwer zumeist in ein besonders tiefes Loch. Gegenüber Ehepaaren rutschen sie bei gemeinsamen Unternehmungen fast zwangsläufig in die Rolle „des Dritten“, in Gesellschaften werden sie leicht zu Anhängseln oder fühlen sich so.

Gegen Vereinsamung hat sich der solidarische Zusammenschluss bewährt, etwa wenn Trauernde, Hinterbliebene sich in Erfahrungsgruppen zusammenfinden oder gezielt verständnisvolle Freunde und Bekannte aufsuchen, die Ähnliches durchlebt haben. Die Verarbeitung und Neugestaltung von Beziehungen braucht Zeit und Geduld.

Beziehungen zur jüngeren Generation

Vorurteile und Vorwürfe gibt es zwischen den Generationen wechselseitig mehr als genug. Älter werdende Erwachsene scheinen aus anderen, fremden Welten zu stammen – mit den Augen jüngerer Generationen gesehen. Ältere wiederum beklagen den Jugendkult in der Gesellschaft. Sie fühlen sich als unproduktiv abgewertet, die teils sehr enge finanzielle Lage bewirkt ein Übriges.

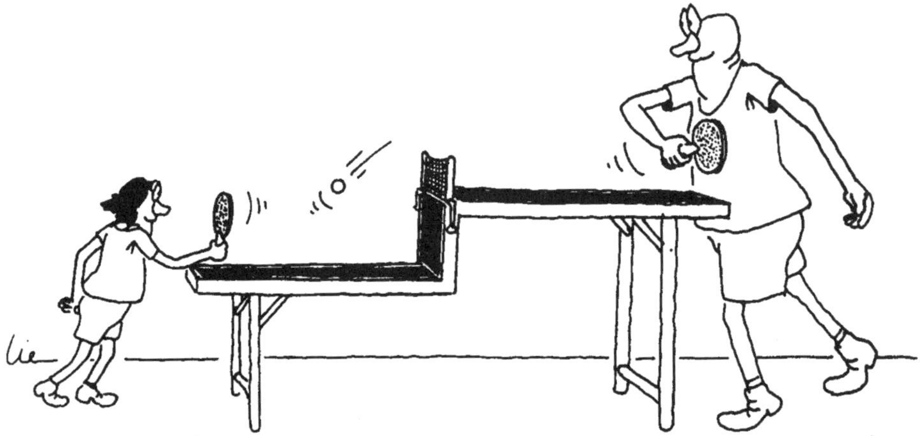

Beide Seiten sollten sich ihre Situation bewusst machen, jede hat zu respektierende eigene Werte. Es lohnt sich, den ersten Schritt zu machen und auf die andere Generation zuzugehen.

Angehörige älterer Generationen könnten sich fragen:
- Was weiß ich vom Leben der Kinder, Enkel, Jugendlichen in Schule und Alltag?
- Gebe ich mir Mühe, mit ihnen ins Gespräch zu kommen? Höre ich auf junge Leute?
- Rede ich zu pauschal von „der“ Jugend, halte ich sie für „schlecht“?

! **Tipp:** Wenn Sie es vermeiden möchten, immer wieder von der „guten, alten Zeit“ zu sprechen, die vielleicht gar nicht so gut war, und es gerne hätten, dass man Ihnen besser zuhört, lesen Sie bitte den Abschnitt über das Erzählen (Kapitel 8).

Gegen Rückzug und Resignation

Wer fühlt sich schon alt? Natürlich niemand! Warum also etwas für den Aufbau neuer Kontakte und Beziehungen unternehmen? Ganz einfach: Ob man den „Älteren" oder „Alten" zugerechnet wird, hängt wesentlich von der eigenen Einstellung ab und diese resultierend aus Zuschreibungen von außen. Das passiert, wenn Einladungen zunehmend abgesagt werden, Begegnungen und Gesprächen lieber ausgewichen wird, Kleidung bevorzugt wird, die unangemessen „alt macht", Fremde selten angesprochen, Begegnungen und öffentliche Veranstaltungen gemieden werden.
In diesen Fällen ist es höchste Zeit, gegen beginnenden Rückzug und zunehmende sowie zugeschriebene Menschenscheu etwas zu unternehmen.

Bedeutende Psychologen, wie Alfred Adler und Victor Frankl, haben empfohlen, Leben und Verhalten zukunftsgerichtet zu orientieren, da aus Zielsetzungen und Sinnstiftung Kräfte geschöpft werden können. Das bedeutet konkret für den Alltag, Absichten zu formulieren und Vorsätze zu fassen, die dann konsequent umgesetzt werden. Mit einiger Fantasie werden Sie gerade im Ruhestand neue Kontakte knüpfen und vielfältige Beziehungen kreativ gestalten können:

✔ So knüpfen Sie spielend neue Kontakte:

- Was können Sie an positiven Erfahrungen aus Ihrem Berufsleben mitnehmen und weitergeben?
- Finden Sie eigene Stärken und Kenntnisse heraus, die Mitmenschen in Ihrer Nähe gut gebrauchen können; es gibt immer Menschen, denen Ihre Hilfeleistung, Geschicklichkeit und Routine nützlich sind.
- Helfen Sie Ihrem Partner im Haushalt, dann bleibt Ihnen beiden durch rationelles Organisieren mehr Zeit für Ihre persönliche Entwicklung.
- Betreiben Sie soziale „Umwelthygiene". Meiden Sie den Umgang mit Leuten, die Sie (wie früher) klein machen oder nicht zu Wort kommen lassen. Schließen Sie sich lieber Menschen an, die Partner für eine Aktion suchen oder die durch ihre Unternehmungslust ansteckend wirken.
- Nehmen Sie sich vor, jede Woche, jeden Tag auf (fremde) Menschen zuzugehen, sie anzusprechen, in ein Gespräch zu verwickeln.
- Rufen Sie täglich jemanden an, mit dem Sie sich aussprechen können.
- Beginnen Sie eine Briefkorrespondenz, auch mit Partnern im Ausland.
- Treten Sie Vereinen, Gruppierungen, Interessengemeinschaften bei, gerade auch dann, wenn Sie dies bislang vermieden haben.

- Gönnen Sie sich eine Belohnung für jede lästige Gewohnheit, die Sie sich abgewöhnen. Nachteilig wirkt beispielsweise, niemals zuerst zu grüßen, stets abzuwarten, bis man gefragt wird. Urteilen Sie nicht zu schnell; zu vielen Menschen gewinnt man erst Vertrauen durch näheres Kennenlernen. Sie entpuppen sich nach einer Weile als „ganz anders".
- Beteiligen Sie sich aktiv an sozialen Aktionen: Besuchsdienste in Krankenhäusern, Heimen, Beratung in Sozialstationen, Mitarbeit bei der Nachbarschaftshilfe oder im Umweltschutz, Sammlungen für Notleidende in der Dritten Welt.
- Unterstützen Sie junge Leute bei ihrer Firmengründung, machen Sie sportliche Übungen mit Kindern, Schülern, Behinderten, machen Sie beim Malen, Singen, Festearrangieren mit.
- Suchen Sie Redaktionen von Zeitungen, Zeitschriften, Hausmitteilungen für älter werdende Erwachsene auf und bieten Sie Ihre Mitarbeit an.
- Fragen Sie bei Organisationen, freien Trägern, Industrie- und Handelskammern, kirchlichen Einrichtungen nach, wo Sie gebraucht werden (siehe Anschriftenliste im Infomerker, Kapitel 11).

! **Tipp:** Überlegen Sie bei allem, was Ihnen Spaß macht, und machen Sie sich für Ihre Zeiteinteilung nicht nur einen Tagesplan, z.B. wie Sie Ihren Haushalt organisieren wollen, sondern auch einen Jahresplan, z.B. für Ihre geplanten Reiseinitiativen.

6.2 Persönliche Probleme ansprechen

Frau O., erfolgreiche Leiterin der Personalabteilung in einem Kaufhaus, schien nach ihrem Ausscheiden aus dem Erwerbsleben richtig aufzublühen. In den ersten Monaten hielt sie bei der Volkshochschule Kurse über Menschenführung, sie beriet Stellensuchende und mittelständische Unternehmer. In Vereinen, Organisationen und Hilfswerken waren ihre Erfahrungen sehr gefragt. Ihr Terminkalender war übervoll, sie fand kaum eine Lücke zum Besuch von Konzerten und Theater.
Mit der Zeit ließ die Nachfrage jedoch nach, man zog jüngere Kräfte vor, ihre Manuskripte wurden häufiger abgelehnt. Sie machte sich zunächst wenig daraus, buchte Reisen, für die sie früher wenig Zeit gehabt hatte, und besuchte vermehrt Bekannte und Freunde.
Mit der Zeit beschlich Frau O. das Gefühl, zwar überall wohlgelitten zu sein, aber nirgendwo recht gebraucht zu werden. Fiel sie hier und dort nicht geradezu lästig, wenn die Leute sich über ihren Berufsalltag unterhielten, von technischen Neuerungen und ihrer Karriere sprachen? Gerne hätte Frau O. Gesprächspartner gehabt, mit denen sie über ihre Situation hätte sprechen können. Die meisten Zeitgenossen, fand sie, interessieren sich nur für sich selbst. Sie war auch nicht sicher, ob sie sich eine Blöße geben durfte, denn in einer erfolgsorientierten Umwelt fällt es schwer, über persönliche Schwierigkeiten zu sprechen. Sie behielt ihre Gedanken daher für sich, begann aber zu grübeln und zog sich zurück. Mit der Zeit stellten sich somatische Beschwerden ein, Kopfschmerzen, Schlaflosigkeit, Appetitlosigkeit, Nervosität.
Eine Freundin riet ihr zur psychotherapeutischen Behandlung. Damit hätte Frau O. wirklich niemals gerechnet. Wenn sie die richtigen Gesprächstechniken und -regeln gekannt, ihre Situation besser durchschaut und eingeschätzt hätte, wäre sie vielleicht nicht in diese leidvolle Lage gekommen.

6.2.1 Mit-geteiltes Leid ist halbes Leid

In dieser Lebenserfahrung steckt eine gute Portion Weisheit. Genauer besehen, handelt es sich um Sorgen oder Beschwernisse, die sich dadurch mindern, dass sie anderen Menschen mitgeteilt werden. Sich aussprechen befreit, alles schlucken beschwert.
Während des Berufslebens bieten sich genügend Partner und Gelegenheiten an, über anstehende Probleme zu sprechen. Mit Kollegen, Mitarbeitern, Vorgesetzten, Kunden oder Klienten wird dabei nicht nur dienstlich telefoniert, korrespondiert, son-

dern nebenher und zwischendurch auf dem Korridor, in der Pause und Kantine manches wichtige Gespräch geführt. Sogar dank Tratsch und Klatsch werden Ärger und Frust abgebaut, wie wissenschaftliche Untersuchungen ergeben haben. Wohin aber damit im Ruhestand, wenn Herz und Kopf voll sind?

Zuerst einmal wollen Menschen gefunden sein, mit denen über alles vertrauensvoll gesprochen werden kann. Viele Kontakte und Gemeinsamkeiten gehen nach dem Abschied aus dem Berufsleben unweigerlich verloren. Da heißt es, neue Beziehungen zu knüpfen und zu pflegen. Was Sie dabei beachten sollten, wird in den Kapiteln 8 (Erzählkunst) und 10 (Schreibkunst) deutlich, da die eigene Initiative dabei eine große Rolle spielt.

Danach gilt es die weitverbreitete Scheu abzubauen, seine Mitmenschen mit persönlichen Angelegenheiten zu behelligen. Gründe dafür mögen einfühlsame Rücksichtnahme oder schlechte Erfahrungen mit Vertrauensseligkeit sein. Vergessen wird dabei leicht, dass scheiternde und gelingende zwischenmenschliche Beziehungen viel mit Gesprächskunst zu tun haben.

Schweigen ist Silber, Reden ist Gold

Damit ist nicht gemeint, sich gegenseitig unendliche Krankengeschichten vorzubeten oder gepeinigt anzuhören. Im Wartezimmer eines Arztes hing aus diesem Grund die humorvolle Warnung: „Es ist den Patienten untersagt, Symptome auszutauschen!"

Positiv werden z.B. Selbsterfahrungsgruppen erlebt, in denen sich die Gruppenmitglieder über besondere Probleme aussprechen und gemeinsam nach Lösungen suchen.
Es kommt eine Aussprache über Höhen und Tiefen im Leben in Gang, wenn ausgetauscht wird, was bedrückt und entmutigt – die Grundlage für gegenseitiges Verständnis und Hilfe. Niemand wird verurteilt, nichts wird bewertet, sodass es keinen Grund gibt, Fehler, Verletzungen, Versagen zu verschweigen, sich zu schämen. Leider kommen vielfach gute Gespräche einfach auch deshalb nicht zustande, weil niemand den Anfang machen möchte.

! Die obige Redewendung lässt sich positiv auch so formulieren und interpretieren: Mit-geteilte Freude ist doppelte Freude! Spaß, Vergnügen, gute Stimmung wirken ansteckend. Humor beschreibt der bedeutende Psychologe Alfred Adler in seinem Buch „Menschenkenntnis" als ein entscheidendes, gemeinschaftstiftendes Erlebnis. Es lohnt sich, darüber zu reden, auszusprechen, was einen freut. Gelegenheit dazu bietet sich genug, ob beim Einkauf, im öffentlichen Verkehrsmittel, beim Friseur, anlässlich von Treffen, geselligen Veranstaltungen oder im Zwiegespräch.

6.2.2 Gesprächsregeln beachten bringt Vorteile

Viele sinnvolle Gespräche kommen deshalb nicht zustande, weil sich die Partner ungeschickt anstellen und vermeidbare Fehler machen. Sie stellen z.B. bohrende Fragen oder reden belehrend auf ihr Gegenüber ein. Beide Mal werden sie als aufdringlich gelten und abgelehnt. Im Umgang werden sie gemieden, manchmal hilft nur die Flucht.

Andere reden immerzu von sich selbst, können nicht zuhören und erteilen ungebetene Ratschläge. Solchen Mängeln kann jeder durch vertrauensbildende Vorkehrungen und Schaffung eines angenehmen Gesprächsklimas entgegenwirken. Nähere Anregungen dazu finden Sie im Abschnitt über das Erzählen (Kapitel 8).

Einige wichtige Gesprächsregeln können sofort angewendet werden:

1. Angenehme Gesprächsumwelt schaffen
Es ist nichts einzuwenden gegen kurze Begrüßungen, raschen Wortwechsel, Austausch konventioneller Redewendungen in der Hektik des Alltags: „Wie geht es Ihnen?“, „Alles klar?“ Sie sind das psychische Schmiermittel sozialer Beziehungen. Sie werden jedoch häufig gedankenlos und oberflächlich gebraucht und darum auch geschmäht.
Was solche Redewendungen, seien es Floskeln, ihm bedeuten, merkt der Zeitgenosse erst, wenn er überhaupt nicht wahrgenommen, keines Blickes oder Wortes gewürdigt wird. In der modernen, mobilen Massengesellschaft wird es zunehmend wichtiger werden, eine Kultur der kurzen Begegnungen zu entwickeln!

Ausführlichere Gespräche und ein Gedankenaustausch wollen gut überlegt und arrangiert werden. Frau O. wäre kaum gut beraten, ihre Probleme auf einem Stehempfang, gewissermaßen zwischen Tür und Angel, anzusprechen. Richtig ist, für persönliche Aussprachen einen **ruhigen Ort** zu wählen und sich **Zeit zu nehmen.** Beides sollte vorher vereinbart sein, damit es keine Störungen gibt. Ein freundliches Ambiente und gastfreundliche Gesten und Angebote – Blumen, Getränke, bequemes Sitzen – sind immer angebracht.

2. Partnerschaftliches Verhalten und Toleranz
Ruhe und Gelassenheit sind erste Gesprächspartnerpflicht. Während der abgesprochenen Zeit gibt es keine Telefonanrufe, Besuche oder verstohlene Blicke auf die Uhr.
Es kann im Einzelfall offen bleiben, wer das Gespräch eröffnet. Im Zweifel sind Fragen immer besser als einseitige Behauptungen und Vorurteile, mögen sie sich auf Personen oder Sachverhalte beziehen.
Weichen Ansichten und Positionen voneinander ab, ist es angebracht, sie erst einmal nebeneinander „stehen zu lassen“, statt sofort zu streiten. Es geht nicht darum, dass einer dem anderen seine Meinung überstülpt, sondern auch darum, die eigene Meinung zu überprüfen, an der anderen zu „spiegeln“, sagen die Psychologen.
Frau O. wäre es vermutlich eine Hilfe, wenn sie durch Vergleiche feststellen könnte, ob sie mit ihrer Selbsteinschätzung richtig liegt oder ob sie sich lediglich etwas einbildet, einredet. Ihr Gesprächspartner hat vielleicht eine ähnliche Situation bereits durchgestanden und kann mit ihr verschiedene Möglichkeiten besprechen, aus den Schwierigkeiten herauszukommen.

3. Im persönlichen Gespräch den Dialog anstreben

Zum Zwiegespräch gehören immer zwei, ein ICH und ein DU. Selbst wenn die eigenen Sorgen bedrängend sind, – es macht wenig Sinn, sie über den Gesprächspartner einfach auszuschütten. Gelegentlich kann das erleichternd und heilsam wirken, nur wird der Gesprächspartner künftig das Weite suchen, wenn er nicht auf eine solche Situation der Entladung vorbereitet ist. „Du-Sichtigkeit“ nannte der Psychotherapeut Felix Schottlaender die Fähigkeit, vom Gegenüber her zu denken, zu fühlen, zu sprechen. In der Tat wird dadurch eine gegenseitige Öffnung bewirkt.
Als praxisnahe Faustregel gilt: Je weniger ichbezogen, egozentrisch, narzisstisch jemand ist, desto größer ist die Aussicht, dass der Partner, die Partnerin ihn versteht.

4. Wichtige Gespräche absichtsvoll beenden

Oft gibt es in Gesprächen viele Anregungen, Stoff zum Nachdenken. Schade, wenn sich ein gutes Gespräch am Ende zerfasert, läppisch wird – Nudelteigschluss heißt es auch in der Rhetorik.
Eine eventuelle Fortsetzung sollte vereinbart werden. Beide Seiten können sich vornehmen, die eine oder andere neue Verhaltensweise auszuprobieren und über Erfahrungen zu berichten. Weniger gut ist es, Gesprächspartner mit einem Bündel simpler Ratschläge zu entlassen. Sie lassen sich auf andere Menschen und Situationen selten übertragen.
Selbst einen Vorsatz zu formulieren und auszusprechen, wie man seine Lage zu verändern gedenkt, ist wesentlich Erfolg versprechender.

ALTER

Alt ist man dann, wenn man an der Vergangenheit mehr Freude hat als an der Zukunft.
JOHN KNITTEL

Wenn man alt ist, muss man mehr tun, als da man jung war.
JOHANN WOLFGANG VON GOETHE

Nichts macht schneller alt als der immer vorschwebende Gedanke, dass man älter wird.
CHRISTOPH GEORG LICHTENBERG

Die Alten zum Rat, die Jungen zur Tat.
SPRICHWORT

Alt werden heißt sich selbst ertragen lernen.
H. KUDSUS

Im Alter wird die Zeit durch eine Verschwörung zwischen Großeltern und Enkeln überlistet.
G. H. R.

Alter ist meist nur eine Ausrede.
R. ROLFS

Das Alter verklärt oder versteinert.
MARIE VON EBNER-ESCHENBACH

Die Jugend nährt sich von Träumen, das Alter von Erinnerungen.
JÜDISCHES SPRICHWORT

7 Spurensuche – Trainieren Sie Ihr Gedächtnis

„Sie sind doch … Frau/Herr ‚Soundso' aus ‚Dingsda'?" Diese peinliche Situation bei einer Wiederbegegnung hat jeder einmal erlebt. Älter werdende Erwachsene stehen mit ihrem Gedächtnis häufig unversehens auf Kriegsfuß: „Ich kann mir einfach nichts mehr merken, keine Namen, keine Termine, ich muss mir alles aufschreiben." Die vermeintliche Begründung für die Klage und Zettelwirtschaft wird gleich mitgeliefert: „Daran merke ich, dass ich alt werde."

So leicht sollten Sie die Flinte nicht ins Korn werfen und ergeben abwarten, ob Ihre Merkfähigkeit abnimmt. Abgesehen davon, dass bereits junge Menschen ebenso über Vergesslichkeit jammern, ist Resignation hier so wenig angebracht wie Ängste wegen nachlassender Erinnerung an Einzelheiten. Niemand ist daran gestorben, und jeder Gesunde kann dagegen etwas unternehmen. Zunächst müssen Sie die inneren Weichen richtig stellen, danach will das Gedächtnis jeden Tag trainiert werden wie Muskeln, wenn sie nicht erschlaffen sollen.

7.1 Zusammenhänge und Denkmuster statt Einzelheiten

Frau M. beklagte sich bei ihrer Schulfreundin, dass sie sich keine Telefonnummern und Adressen mehr merken könne. Neuerdings müsse sie sich sogar vor jedem Einkauf Notizen machen. Seufzend schloss sie: „Mit zunehmendem Alter nimmt das Gedächtnis eben automatisch ab!" Als sie jedoch von ihrer Freundin gebeten wurde, vor dem Frauenklub über ihre erste Londonreise zu berichten, sprach Frau M. eine Dreiviertelstunde frei ohne Konzept und Spickzettel und vergaß nicht, ihr wichtige historische Details zu erwähnen.
Zufall? Ein Rätsel? Bemerkenswert ist an dem gar nicht so seltenen Beispiel, dass Frau M. mit englischen Sprachkursen erst begonnen hatte, nachdem ihr Mann aus dem Erwerbsleben ausgeschieden war. Als Hausfrau und Teilzeitbeschäftigte hatte sie früher selten Zeit gehabt, sich mit der britischen Kultur und Geschichte zu befassen. Sie erkannte richtig zur eigenen Überraschung, dass sie sich viele Dinge sogar besser als früher merken konnte.

Voraussetzung für besseres Behalten ist also ein lebhaftes Interesse an Dingen und Menschen, innere Anteilnahme und tätiges Engagement.
Nach wissenschaftlichen Untersuchungen entschwinden tatsächlich manche Details, Namen, Fakten dem aktuellen Bewusstsein, auch Kurzzeitgedächtnis genannt.

Gleichzeitig wird dadurch Kapazität frei für andere Merkstoffe, Informationen, die in das Langzeitgedächtnis eingehen. Frühere Ereignisse aus dem Leben sind gegenwärtiger, wichtige treten klarer vor das geistige Auge; der vermeintliche Abbau ist in Wahrheit ein inhaltlicher Austausch von Merkgut.

Darüber hinaus wirkt sich die neue Art geistig engagierter Tätigkeit günstig auf das Erinnern aus. In der Regel werden zunehmend Zusammenhänge und Denkmuster besser behalten als Einzelheiten, ganzheitliche Eindrücke bleiben nachhaltiger haften. Das Lebensalter mit mehr Durchblick und Überblick ist also kein Hindernis. Man darf nur nicht passiv oder gleichgültig sein. Positive Motivation gehört dazu.

7.2 Überflüssiges vergessen lernen

Das Ausscheiden aus dem Erwerbsleben macht das Behalten vieler Zahlen, Fachausdrücke, Namen, Spezialkenntnisse schlicht überflüssig. Leider wird zumeist übersehen, dass Gedächtnisschulung auch etwas mit Vergessenkönnen zu tun hat, das gelernt sein will, jedoch niemand lehrt. Wer überbetont auf frühere Erfahrungen, Personen, Informationen fixiert bleibt, Ballast nicht loswird, der läuft Gefahr, sich den Zugang zu neuen Interessengebieten und Kontakten zu Menschen selbst zu verbauen. In ausgeprägten Fällen ist nicht das angeblich schlechte Gedächtnis, sondern das Nichtvergessenkönnen das eigentliche Problem!

Tatsächlich wollen leidige Hürden, wie der Reiz des Negativen, genommen werden. Kritiker einer Reise oder einer Kulturveranstaltung können sich meistens daran erinnern, was sie geärgert hat oder was ihnen unangenehm aufgefallen ist. Was stört und einem nicht passt, setzt sich fest. Das Problem ist, dass sich Erinnerungen mit Unlustgefühlen verbinden.

Bitte schön, machen Sie eine Gegenprobe:
Könnten Sie in diesem Moment aufzählen, was Ihnen heute, gestern, in der vorigen Woche alles Freude bereitet hat?

Eine weitere Schwierigkeit ist der verbreitete Hang zur Grübelei. Diese hat mit Denken wenig zu tun, sondern führt im Kreise herum und in die Irre. Wer früher erlittene Demütigungen oder Schmerz nicht vergessen kann, wer sich mit Schuldgefühlen und Rechtfertigungsversuchen herumschlägt, ohne Problemlösungen näher zu kommen, der kann sich schlecht auf die Aufnahme neuer geistiger Inhalte konzentrieren.

Schließlich gibt es noch die Scham, sich Vergessenkönnen gegenseitig einzugestehen. „Sie müssen schon entschuldigen, ich bin so vergesslich geworden", heißt eine Standardformel. Warum eigentlich?
Gewöhnen Sie sich an zu sagen:

> **!** „Mir ist die Sache nicht mehr wichtig, darum habe ich sie (mit Absicht) vergessen."
> Oder: „Damit beschwere ich nicht meinen Kopf. Das lässt sich jederzeit nachlesen, nachschlagen – es ist im Computer gespeichert."
> Oder: „Ich belaste mein Gedächtnis nicht mehr mit Dingen, die sich nicht ändern lassen."

Einige kurze Regeln, die das Vergessen fördern:
Freuen Sie sich darüber, dass Sie auch vergessen können! Trainieren Sie, Nutzloses zu überfliegen und zu vergessen, beispielsweise beim Zeitunglesen. Sofort!

Störende Assoziationen, hartnäckige Einfälle setzen sich häufig unerwünscht fest. Versuchen Sie es mit Nichtbeachtung, oder notieren Sie Ärgerliches, Bedrückendes auf einen Zettel, den Sie danach einfach wegwerfen oder einschließen.
Entfernen Sie Bücher aus Ihrem Gesichtskreis, die Ihnen nichts mehr bedeuten, sie jedoch an früher erinnern oder Ihnen ein schlechtes Gewissen machen, weil Sie nicht zum Lesen kommen.
Befreien Sie sich von zufälligen Gedankenverbindungen und Gefühlen: Gedächtnisarbeit will zeitlich und systematisch geordnet sein.

! **Tipp:** Probat ist, vorwärts gerichtet und zukunftsorientiert zu denken, das hilft, nutzloses Denkmaterial zu vergessen und Wichtiges besser zu behalten.

7.3 Checkliste: Trainingsmöglichkeiten

Vergangenheit ist niemals tot –
sie ist nicht einmal vergangen.
W. FAULKNER

Checkliste:

- Versuchen Sie nicht, sich angesichts der täglichen Überflutung mit Informationen alles und jedes merken zu wollen. **Selektieren Sie bewusst** Ereignisse, Namen, Fakten, und setzen Sie dann Prioritäten. Zur Übung eignen sich TV-Nachrichten oder Hörfunksendungen, damit man sich nicht angewöhnt, oberflächlich wahrzunehmen, sondern gezielt.

- Merkgut behalten Sie leichter, wenn Sie es mit **Verwendungssituationen** in Verbindung bringen: Was kann ich damit anfangen? Wozu brauche ich die Kenntnis? Was nützt mir die Empfehlung? Einprägend wirkt überdies, **Gegenfragen** zu stellen, etwa bei Ratgebern zu Recht, Finanzen, Kochen, Gesundheit: Welche Interessen verfolgt der Experte? Was bleibt zwischen den Zeilen unausgesprochen? Gibt es andere Möglichkeiten?

- **Namen** merken sich leichter, wenn Sie ganz bei der „Sache“ sind. Das bedeutet, bei der Namensnennung oder Vorstellung genauestens hinzuhören, eventuell wiederholen zu lassen, selbst mehrmals den Namen in das Gespräch einzuflechten. Gut ist die innerliche Verbindung mit positiven Gefühlen („Erinnert mich an den angenehmen Herrn F.“ oder: „Die Stimme klingt im Ohr glockenhell.“).

- Einzelnamen sollten Sie in größere **Zusammenhänge einordnen** oder **Suchrastern zuordnen,** die das Erinnern erleichtern. In Betracht kommen bestimmte Personengruppen, Ereignisse, Situationen, Orte. Beim Abruf eines Namens aus dem Gedächtnis wird die Zuordnung rückwärts „abgespult“: „Bei welcher Gelegenheit haben wir uns gesehen? Beim Sportfest?“ Oder: „Auf dem Flugplatz waren Sie ratlos, weil die Maschine Verspätung hatte. Sie haben mir in der Warteschlange Ihre Visitenkarte gezeigt und nach dem Devisenschalter gefragt. Ihr Name war, richtig ...“

- Verbinden Sie Namen mit **persönlichen Eigenheiten und Merkmalen.** Es kann sich um die Stimme handeln, um die Sprache, um Gesten, Besonderheiten der

Kleidung. Bei dem früheren deutschen Außenminister „mit den großen Ohren" wird jeder gleich auf den Namen Genscher kommen. Im Prinzip läuft es im Privatleben nicht anders.

- Namen, die Sie zum ersten Mal hören, können Sie **aufschreiben** – und sich **ausmalen,** bildhaft vorstellen. *Herr Kreuzer, Frau Laub* ... da dürfte dies keine Schwierigkeiten bereiten. Probieren Sie es einmal mit Ihrem Namen.

- Um jeden Namen lässt sich **eine Geschichte erfinden.** Der Bezug zur Herkunft des Namensträgers – Ort, Landschaft, Wohngebiet, ethnische Zugehörigkeit, Essgewohnheiten–- fördert das Interesse an der Person. Hilfsmittel und so genannte **„Eselsbrücken"** sind durchaus nützlich und keineswegs eine Schande.

- **Kurzfristige Aufträge, Erledigungen,** Besorgungen sollten Sie nach Möglichkeit nicht auf die lange Bank schieben, sondern **sofort ausführen,** damit das Gedächtnis nicht unnötig befrachtet und belastet wird.

- **Nehmen Sie Merkgut,** Namen, Zahlen, Informationen mit möglichst vielen Sinnen, Kanälen auf: zuhören, nachsprechen, aufschreiben, zeichnen, anschauen, pantomimisch darstellen.

- **Bringen Sie Neues mit Bekanntem und Vertrautem in Beziehung.** Eine gewohnte Verpackung erleichtert die Aneignung.

- Nutzen Sie **positive, lustige Assoziationen** als „Aufhänger", Lern- und Merkspaß erhöht die Aufnahmebereitschaft und Abrufleistung. „Was war an dem Bild so herrlich komisch?" „Worüber haben wir gemeinsam gelacht?" „An der Unterhaltung hatte ich viel Freude, darum werde ich sie so leicht nicht vergessen."

- Spielen Sie bei Einkäufen und Behördengängen im Voraus im Kopf einzelne Vorhaben, Gespräche und Argumente durch. **Mentaltraining** hilft einzuprägen und später zu erinnern.

- **Bleiben Sie neugierig!** Freude an Personen und Sachen sowie Anteil nehmende Wahrnehmung sind stets günstige Bedingungen für das Behalten.

GESPRÄCHE

Ein einziges warmes Wort, und alle Unbill ist fort.
CHINESISCHES SPRICHWORT

Die gute Unterhaltung besteht nicht darin, dass man selbst etwas Gescheites sagt, sondern dass man etwas Dummes anhören kann.
WILHELM BUSCH

Eine Diskussion ist unmöglich mit jemandem, der vorgibt, die Wahrheit nicht zu suchen, sondern schon zu besitzen.
ROMAIN ROLLAND

Ein Abend, an dem sich alle Anwesenden völlig einig sind, ist ein verlorener Abend.
ALBERT EINSTEIN

Hörensagen ist halb gelogen.
SPRICHWORT

Ein Wort ist wie ein Sperling. Wenn es weg ist, kann man es nicht wieder einfangen.
RUSSISCHES SPRICHWORT

Bei Nichtverstehen ist Schweigen nicht Gold, sondern Gift.
G. H. R.

Dumme Gedanken hat jeder, nur der Weise verschweigt sie.
U. BACH

8 Die Kunst des Erzählens

Jeder Mensch ist darauf angewiesen, sich seinen Mitmenschen mitzuteilen, anzuvertrauen. Aussprachen, Unterhaltungen, Gespräche sind so wichtig wie die Luft zum Atmen oder das tägliche Brot. Nach dem Erwerbsleben entfallen die meisten Gelegenheiten zur Kommunikation, viele Kontaktpersonen verschwinden aus dem sozialen Umfeld. Außerberufliche Anlässe bleiben oft auch nicht das, was sie früher waren. Beim Stammtisch tauchen neue Gesichter auf, (betriebliche) Sportgruppen verlaufen sich. Allenfalls sieht man sich bei der alljährlichen (Betriebs-)Weihnachtsfeier.

Paradoxerweise erhöht sich parallel dazu beim Einzelnen mit zunehmendem Lebensalter der Druck, anderen von eigenen Erfahrungen, Erlebnissen, Gefühlen und Gedanken zu berichten. Nur, wer hört überhaupt noch zu, wenn berufsbedingte soziale Kontakte und Kommunikationsmöglichkeiten abgebrochen sind?

Ein Weg ist, Beziehungen zu Partnern, Bekannten, Nachbarn, Verwandten, Freunden aktiv neu zu gestalten. Näheres darüber finden Sie in Kapitel 6, besonders dem Abschnitt „Beziehungen – (fast) alles ist neu“. Die vielfältigen Klagen, mit zunehmendem Alter kaum Gesprächspartner oder gar Zuhörer zu finden, haben darüber hinaus aber auch einen ebenso tiefen wie schlichten Grund: Es wird häufig falsch erzählt! Drastisch ausgedrückt: Könnte es nicht sein, dass durch die Art und Weise, wie Sie sich ausdrücken und darstellen, selbst wohlmeinende Zeitgenossen in die Flucht geschlagen werden?

Ein Ehepaar verschätzte sich

Als das Lehrerehepaar F. zeitgleich in Pension ging, wollte es sich mit solchen Überlegungen nicht herumschlagen. Die Kinder waren groß und selbstständig, die Eltern im Heim gut untergebracht und versorgt. Was lag näher, als endlich zu Hause die Zelte abzubrechen, sich ein Wohnmobil zu kaufen und zehn Monate im Jahr gemeinsam auf Reisen zu gehen? Das Ehepaar unternahm schöne Fahrten durch Europa von Schottland bis nach Griechenland, von Spanien bis nach St. Petersburg. An ausgewählten Plätzen wurde nach Belieben verweilt, gefilmt, wurden Kontakte mit der einheimischen Bevölkerung geknüpft.

Die Ruheständler sammelten Eindrücke und Informationen, fanden Erholung und Bereicherung. Nach jahrzehntelanger Berufstätigkeit fühlten sie sich wie neu geboren. Was sollte ihre Zufriedenheit noch stören können, Schatten auf den sonnigen Ruhestand werfen?

Mit der Zeit stellten sich leidvolle Erfahrungen ein. Nach den Reisen fanden sich zu Hause immer weniger Menschen, die sich die Berichte anhören, die vielen Dias und Videos ansehen wollten. Vielleicht hätten sie lieber von eigenen Reiseerlebnissen erzählt. Oder sie fanden den Vortrag langweilig und ermüdend. Oder machte das Ehepaar beim Erzählen womöglich grobe Fehler, die sich hätten vermeiden lassen, wenn es sich früher darum gekümmert hätte, wie man partnerbezogen und lebendig erzählt?

Mir hört selten jemand zu

Diese Klage ist weit verbreitet, nicht nur bei reiselustigen Rentnern und Pensionären. Im Alltag finden allein Stehende selten jemanden, dem sie von ihren kleinen Ausflügen, Einkäufen oder Erlebnissen berichten können. Älter werdende Erwachsene möchten Erfahrungen von ihrer „Lebensreise" an Jüngere weitergeben – aber wie? Töchter, Söhne, Enkel, enge Freunde, Bekannte und Partner mögen ihre alten Geschichten nicht mehr hören, weil sie zum x-ten Mal wiederholt werden. Die jüngere Generation will eigene Erfahrungen machen und nicht immerzu die „gute, alte Zeit" vorgesetzt bekommen. Entsteht auf diese Weise ein innerer Stau und Erzähldruck, kann er sich bei günstiger Gelegenheit, etwa beim Spaziergang, im Wartezimmer, auf der Stehparty, überfallartig entladen. Zufallsbekanntschaften können sich bedrängt und vereinnahmt fühlen. Die Folge heißt noch mehr Vereinsamung und Isolierung, weniger neue Kontakte, Besuche und Geselligkeit. Der negative, verhängnisvolle Kreis schließt sich.

8.1 Gut erzählen können

Im dritten Lebensabschnitt gibt es viel zu erzählen. Biografisches Erzählen berichtet aus eigenem Erleben; Sacherzählungen und Berichte können helfen, Spezialkenntnisse und Berufserfahrungen weiterzugeben. Nur, in Form von Lehrvorträgen, Direktiven und Anweisungen oder dergleichen stoßen sie leicht auf Abwehr und Ablehnung.

Werden demgegenüber Geschichten erzählt, geben sie indirekt, verfremdet Erfahrungen weiter. Sie enthalten Angebotscharakter zum eigenen Nachdenken. Heiteres und spannendes Erzählen zur Unterhaltung fördert Kontakte, stiftet Beziehungen und verhilft zu einer guten Atmosphäre zwischen Menschen.

Leider werden häufig Fehler gemacht, die bei mündlicher, erzählender Weitergabe von Erfahrungen zu vermeiden sind. Wenn Sie die folgenden Punkte beachten, wird Mann/Frau Ihnen lieber zuhören und den Wunsch haben, mit Ihnen weiter im Gespräch zu bleiben:

✔ So hört Ihnen jeder gerne zu:

- **Vermeiden Sie** den zu häufigen Gebrauch der **Ichform.** Sie stößt ab und lässt den Eindruck aufkommen, dass die erzählende Person sich wichtiger nimmt als die Geschichte, den Gegenstand oder das Erlebnis.

- **Verzichten Sie auf jegliche Art der Belehrung.** Das bezieht sich zum einen auf einen schulmeisterlichen Ton, aber auch auf die geäußerte Erwartung, dass Zuhörer nun wissen müssten, was sie zu tun haben. Sie müssen selbst darüber entscheiden dürfen, was sie mit dem Gehörten anfangen wollen.

- Eine „Privatisierung" von Erfahrungen und Erlebnissen sollte sich in Grenzen halten; je intimer sie sind, desto weniger werden sie von anderen Menschen nachvollzogen. **Gemeinsame Erfahrungen und Übereinstimmungen** – beim Erzählen an den Anfang gesetzt – helfen, sich näher zu kommen und einander zu verstehen.

- Gute Erzähler legen **Pausen** ein, geben der Fantasie von Zuhörern Spielraum. Hingegen stößt unaufhörlicher Redefluss bald ab.

- Was mündlich übermittelt, erzählt wird, kommt umso besser an, je anschaulicher, **bildhafter** die Sprache ist. **Beispiele und Rückfragen** vertiefen den Austausch.

- Sachverhalte, Wörter, Begriffe, Namen sollten **geduldig erklärt** werden, wenn sie nicht verstanden wurden.

- Geschichten, Berichte, Erzählungen können mitunter vor ihrem Ende abgebrochen werden. Ein **offenes Ende** lädt ein, selbst weiterzudenken, nach eigenen Lösungen zu suchen.

- Völlig Befremdliches weckt Argwohn und Misstrauen. Knüpfen Sie bei dem an, **was Zuhörer kennen und selbst erfahren haben.**

- Gesprächspartner oder Zuhörer zwischendurch **nach ihrer Meinung fragen,** zu Punkten Stellung beziehen lassen, erhöht den dialogischen Charakter des Austausches.

Für die häufig kurzen Dialoge im Alltag gelten grundsätzlich keine anderen Regeln. Zur Kommunikation gehören mindestens zwei Personen. Gerne wird das Bild vom „Sender“ und „Empfänger“ dafür gebraucht. Es kann jedoch ermüdend sein, wenn eine Seite immer redet und die andere bloß zuhören muss. In einer dialogischen Gesprächssituation hingegen werden die Rollen wechselseitig getauscht. Daraus folgen praktische Gesprächsregeln:

✔ Wichtige Gesprächsregeln:

- Allen Gesprächsteilnehmern sollte eine **gleiche Rede- und Zuhörzeit** eingeräumt werden. Jeder sollte zugleich Sender und Empfänger sein.
- Gemeinsam einigen Sie sich auf **ein Thema,** über das gesprochen werden soll.
- Partnerschaft im Gespräch setzt den **Verzicht auf Überlegenheit** voraus.

LÄCHELN

Lachen und Lächeln sind Tor und Pforte, durch die viel Gutes in den Menschen hineinhuschen kann.
CHRISTIAN MORGENSTERN

Nicht nur das Lächeln, selbst die Lache führt oft des Ernstes Sache.
FRIEDRICH GOTTLIEB KLOPSTOCK

Das Leichte ist oft das Schwerste: Lächeln im Ernst.
JOHANN PETER HEBEL

Lächeln: ein unbezahlbares Geschenk, das sich jeder leisten kann.
G. H. R.

Fröhlichkeit und Mäßigung sind die besten Ärzte.
SPRICHWORT

Heiterkeit ist der Himmel, unter dem alles gedeiht.
JEAN PAUL

Lächeln können macht aus Verlierern Gewinner.
G. H. R.

Dass einer lächeln kann und immer lächeln, und doch ein Schurke sein!
HAMLET 1,5

8.2 Lebendige Gesprächsführung

Lebhafte Gespräche führen zu können, zeugt von geistiger Frische. Die Fähigkeit dazu fällt nicht vom Himmel, sondern will trainiert sein. Die Situation ist ja auch neu und ungewohnt: Es steht mehr Zeit für Gespräche zur Verfügung als früher, Partner sind ganztägig beisammen, das Interesse am Austausch mit der jüngeren Generation wächst zunehmend.

Im Sprechen und Zuhören kann sich jeder durchaus auch im fortschreitenden Alter üben. Das kann in Gruppen geschehen, aber ebenso mit Partnern, abwechselnd im Rollengespräch. Unter vier Augen lassen sich freundschaftlich Fehler korrigieren: Sprechen Sie nicht immerzu von eigenen Krankheiten. Vergleichen Sie nicht immer alles mit früher. Versuchen Sie, statt unentwegt unbewiesene Behauptungen aufzustellen, auch einmal Fragen zu stellen und Antworten abzuwarten. Vielleicht schreckt aber auch der scharfe Ton den Gesprächspartner ab oder Floskeln wie „Ich meine es bloß ehrlich."

Steht kein Partner zur Redekontrolle zur Verfügung, eignet sich auch eine Tonbandkassette. Nehmen Sie frei gesprochene, kleine Erzählungen auf und überprüfen Sie anschließend Ihren Erzählstil. Sie werden entdecken, was Sie verändern könnten, damit man Ihnen künftig lieber zuhört und sich gerne mit Ihnen unterhält.

Wählen Sie beliebige Übungsthemen aus Ihrem Leben:
„Unsere letzte Urlaubsreise"
„In der Ausstellung habe ich einen interessanten Menschen kennen gelernt"
„Wie ich Niederlagen im Leben verarbeitet habe"
„Warum ich denke, dass sich Leistung lohnt"
„Angst vor dem Fliegen habe ich verlernt"
„Meine Versuche, die heutige Jugend zu verstehen"

Checken Sie, ob sich folgende Erzähltechniken anwenden lassen:

Beispiel:

So erzählen Sie richtig:

Machen Sie neugierig, setzen Sie Erwartungen in Gang.
Schieben Sie Pointen, Lösungen (für Probleme) eine Weile hinaus.

Geben Sie der Fantasie Raum!

Wünsche, Motive, Gefühle, Träume Ihrer Zuhörerschaft sollten Sie mit einbeziehen, Spielräume für eigene Deutungen offen lassen. Modelle für eigenes Verhalten und Handeln anbieten und gedanklich ausprobieren lassen: „Was hätten Sie an meiner Stelle gemacht?"

Dramatisch darf es zugehen

Nichts muss trocken erzählt werden. Bauen Sie Höhepunkte – Missgeschicke – Glücksfälle – überraschende Wendungen – Geheimnisvolles – ein. So werden sogar Einkäufe, Behördengänge zum Hörerlebnis.

Freude schafft Motivation

Je mehr Freude ausgelöst wird, desto größer ist die Bereitschaft, zuzuhören, etwas anzunehmen, sich einzulassen. Humor, Anekdoten, Scherze lockern auf, bauen Ängste und Widerstände ab; Lachen fördert Gemeinschaft und Versöhnlichkeit.

Schaffen Sie eine emotionale Atmosphäre

Seit jeher war Kommunikation, gutes Erzählen an die Erzählsituation gebunden. Es muss ja nicht die warme Spinnstube für Märchenerzähler sein. Viele Unterhaltungen laufen jedoch besser, wenn man sich bequem hinsetzt, eine gemütliche Ecke findet. Äußere und innere Ruhe, räumliche Geborgenheit und Gesprächspartner, die sich wohl fühlen, sind immer von Vorteil.

Kombinieren Sie Überraschungen und Wiederholungen

Damit ist nicht gemeint, ewig die gleichen Geschichten zu erzählen. Das nervt. Aber es kann passieren, dass etwas überhört wird, zum einen Ohr hinein-, zum anderen hinausgeht. Das macht den Reiz mündlicher Kommunikation aus, dass man das Tempo steigern (Zeitraffer) oder liebevoll an wichtigen Stellen verweilen kann (Zeitlupe).

! **Und noch ein Tipp:** Lassen Sie vor allem erkennen, wo Ihr Herz schlägt – und lassen Sie andere Positionen gelten.

Muße

Erst besinn's, dann beginn's.
SPRICHWORT

Faulheit ist Dummheit des Körpers, und Dummheit – Faulheit des Geistes.
JOHANN GOTTFRIED SEUME

Müßiggang ist aller Laster Anfang.
SPRICHWORT

Iss und trink und sei zufrieden.
NACH LUKAS 12,19

Müßiggang ist nichts Übles, ja, man muss sagen: Ein Mensch, der für diesen keinen Sinn hat, zeigt damit, dass er sich nicht zur Humanität erhoben hat.
SÖREN KIERKEGAARD

Müssen ist der Anfang vom Ende jeder Muße.
G. H. R.

Arbeit macht das Leben süß, Faulheit stärkt die Glieder.
G. W. BURMANN

9 Lesefreuden

Ein Mensch ohne Buch
ist wie ein Blinder ohne Stock.
ISLÄNDISCHES SPRICHWORT

Der Ruhestand ist ein Lebensabschnitt, in dem jeder wirklich nur noch das lesen kann, was er wirklich mag. Unbewusst allerdings spielen bei der Auswahl der Lektüre Faktoren eine Rolle, die eine genauere Durchleuchtung verdienen.

Mit Texten, Fachliteratur, Zeitungen hat jeder jahrzehntelang seine Erfahrungen gemacht; privat und beruflich haben sich bestimmte Lesegewohnheiten herausgebildet. Man nimmt an, dass im Ruhestand derjenige viel liest, der vorher viel gelesen hat. Wissenschaftliche Belege gibt es dafür, doch ist dieses Verhalten keineswegs zwingend. So liegt es bei Ihnen, Ihre Lesegewohnheiten evtl. zu verändern.

Schließlich verändern sich mit dem Ausscheiden aus dem Erwerbsleben auch die Lebensumstände. Es gibt keine berufsbezogene Pflichtlektüre mehr, Textverarbeitung entfällt ebenso wie Geschäftspost und Korrespondenz. Nicht einmal zur Entspannung muss in der freien Zeit gelesen werden, da nun alles Freizeit ist.

So gibt es gute Gründe, die eigenen Lesegewohnheiten nach dem Abschied aus dem Berufsleben zu überprüfen und gegebenenfalls neue auszuprobieren, um den Lesegenuss zu erhöhen:

Berufsbedingt stand früher weniger Zeit zum Lesen zur Verfügung. Im Dienst war Eile geboten, der Lesezweck vorgegeben. Unmerklich könnten sich eine Entwöhnung von entspanntem Lesen und die Abneigung gegen längere Texte eingeschlichen haben. Der Blick blieb routiniert an Randnotizen, Kommentaren, Zusammenfassungen hängen. Aktenstudium könnte die Lust am Lesen verdorben haben. Ist es möglich, dass Sie sich mit längerer Lektüre erst wieder anfreunden, Muße, Verweilen und Besinnen neu entdecken müssen?

Früher, im Beruf, mussten die meisten Menschen fremdbestimmt lesen, und zwar Texte, die sie freiwillig kaum in die Hand genommen hätten: Protokolle, Berichte, Tabellen, Zahlenkolonnen, Geschäftspost.

Fremdbestimmt waren auch Tätigkeiten am Bildschirm, redaktionelle Arbeiten, Korrekturen, Formularbearbeitungen. Auch deren Inhalte werden im Ruhestand überflüssig, dazu Fachausdrücke, Firmeninformationen, Vorschriften und dergleichen.

Gegen erworbenen Lesefrust lässt sich etwas unternehmen! Entdecken Sie die Chancen selbstbestimmten Lesens neu. Manchmal behindern nur unbeachtete Kleinigkeiten die große Lesefreude.

9.1 Tipps für eine bessere Lesetechnik

Jede Art Lesestoff erfordert eine besondere Lesetechnik sowie unterschiedliche Lesegeschwindigkeit. Diese jeweils anzupassen, ist der erste Schritt zur Umstellung. Machen Sie sich klar, dass man Werbeanzeigen, Überschriften, Fachaufsätze, Gedichte, Gebrauchsanweisungen oder Romane in unterschiedlichem Tempo lesen sollte und kann.

Berufsbedingt mag es erforderlich gewesen sein, Texte zu überfliegen, herauszufiltern, was für einen bestimmten Zweck sachdienlich war. Es gibt sogar Trainingskurse eigens für schnelles Lesen! Nun ist es möglich, ohne Zeitdruck im Lesen innezuhalten, noch einmal rückwärts zu blättern, sich zu vergewissern, nachzuschlagen, zu überdenken. Niemand treibt mehr an, kontrolliert. Für gutes Lesen zur Unterhaltung gilt: Eile mit Weile!

Günstige äußere Umstände fördern die Aufnahme beim Lesen. Dazu gehören Brille, Kleidung, bequeme Körperhaltung, richtiger Blickwinkel, ausreichende Beleuchtung und äußere Ruhe. Niemand braucht mehr, wie vielleicht am Arbeitsplatz oder Schreibtisch, steif sitzend zu lesen. Manche liegen gerne, andere bevorzugen ein Lesepult. Probieren Sie es selbst aus! Auch die Geräuschkulisse ist jetzt eine andere: Keine Nebensitzer, keine klappernden Maschinen sind mehr in der Nähe. Finden Sie heraus, ob Sie lieber bei absoluter Stille lesen oder leise Hintergrundmusik bevorzugen.

Viele Menschen sprechen, wenn sie alleine sind, laut vor sich hin. Daran ist nichts Anrüchiges oder Versponnenes nach dem Motto: „Jetzt werde ich alt, ich rede schon mit mir selbst." Im Gegenteil! Wer laut liest, liest intensiver, ganzheitlicher – mehrkanalig, wie es lerntheoretisch heißt, nämlich mit den Sinnen, Augen und Ohren. Dabei sollten Sie in Kauf nehmen, dass lautes Mitlesen die Lesegeschwindigkeit verlangsamt.

Der Ruhestand kann die Möglichkeit bieten, sich mit neuer Sach- und Fachliteratur zu beschäftigen, für die früher keine Zeit war. Von der Technik wissenschaftlichen Arbeitens her wird empfohlen, fragend an neue Texte/Themen heranzugehen:

- Welche Erwartungen habe ich?
- Was weiß ich bereits über Sachgebiet und Autor?
- Wie würde ich das eine oder andere in eigenen Worten ausdrücken?
- Je neugieriger an den Text herangegangen wird, desto mehr wird von seinem Inhalt behalten.

Nebenbeschäftigungen beim Lesen lenken meistens ab. Möglichst nicht im Übermaß mit den Fingern spielen, dem Kopf wackeln, den Füßen wippen oder essen. Vor allen Dingen nicht mit den Gedanken woanders weilen.

Kommt es darauf an, sich bei Sach- und Fachtexten etwas zu merken, ist sorgfältiges und konzentriertes Durcharbeiten angebracht. Dazu gehören: Unterstreichungen (in Farbe/mit Leuchtstiften), Randbemerkungen, Notizen, Farbmarkierungen, Lese- und Merkzeichen, Einkreisungen, Pfeile. Viele Aussagen, Thesen, Schwerpunkte lassen sich in eine Strukturskizze umsetzen. Zeichnen Sie einfach Gedanken nach; setzen Sie ins Bild, was in Ihrem Kopf vorgeht. Dieser Einprägevorgang heißt DENKZEICHNEN.

9.2 Den eigenen Lesestil bestimmen

Informatorisches Lesen dient der Beantwortung der Frage, ob sich ein Weiterlesen überhaupt lohnt. Das kommt in Betracht beim ersten Durchblättern von Zeitungen, Zeitschriften, Illustrierten. Das Lesetempo ist zügig, die Orientierung erfolgt im Überblick. Zunächst werden wichtige Abschnitte ermittelt, lohnende Stellen markiert, Überschriften daraufhin geprüft, ob der Text einlöst, was Schlagzeilen, Titel versprechen.
Das gilt auch für Bücher. Manchmal ist es besser, nicht vorne, sondern mit Ergebnissen, Zusammenfassungen, Rückblicken zu beginnen. Lesen Sie nicht jedes Buch wie das sprichwörtliche geduldige Schaf von vorne nach hinten, wie in der Schule gelernt, Zeile für Zeile. Nicht alles, was angefangen wurde, muss brav bis zum Ende durchgelesen werden! Informatorisches Lesen ist eine gute Methode gegen Zeit-

verschwendung und die von Tag zu Tag anschwellende Informationsflut. Nicht zuletzt werden die Augen geschont!

Kursorisches Lesen ist eine weitere Möglichkeit, selektiv zu lesen. Das Inhaltsverzeichnis wird sorgfältig studiert, wichtige Abschnitte, Kapitel werden im Voraus markiert (Lesezeichen, Anstreichungen). Literaturhinweise, Kommentare, Anmerkungen, Zwischenüberlegungen bieten zusätzliche Vorausinformationen darüber, wo sich vertieftes Lesen lohnt. Hierbei kommt es nicht auf die Quantität, sondern auf die Qualität von Kernaussagen an.

Statarisches Lesen bedeutet demgegenüber eine intensive Auseinandersetzung mit Inhalten. In diesem Falle empfiehlt es sich, sorgsam und langsam zu lesen, innezuhalten, Pausen einzulegen. Unklare Ausdrücke und Aussagen sind jeweils zu klären, Begriffe im Lexikon nachzuschlagen. Unterbrechungen helfen zu überdenken, ob man den Autor richtig verstanden hat und was der Text mit einem selbst, das heißt mit eigenen Interessen, Lernbedürfnissen, Erkenntnissen und Erfahrungen zu tun hat.

9.3 Aktiv lesen, nicht konsumieren

Lesen lässt sich lebendig und abwechslungsreich gestalten. Das steht dem Bedürfnis nach Information und Unterhaltung nicht entgegen, im Gegenteil:

Romane, Fachliteratur und Unterhaltungslektüre wollen unterschiedlich gelesen werden. Sie haben die Möglichkeit, selbst zu bestimmen, zum eigenen Nutzen und Spaß zu wählen: leichtes Überlesen oder normales Lesen, sorgfältiges, verweilendes Lesen, anstrengendes Lesen schwieriger Texte. Vom **Lesestil** und seiner Angemessenheit hängt ab, wie viel Konzentration aufzuwenden ist und was behalten wird.

Zeitungen, Texte für den Alltag können erst einmal nach der **Pyramidenmethode** gelesen werden: Überschrift lesen, die ersten Sätze lesen … dann weiterblättern. Den Rest kann man sich eventuell schenken.
Bei anderen Beiträgen, Aufsätzen, Artikeln kann die Pyramide auf den Kopf gestellt sein. Erkennungsmerkmale sind: langer (historischer) Anmarschweg, umständliche Einstimmung, verwirrende Begriffsableitungen, nur allmähliches Vordringen zum Kern einer Sache. Die wichtigsten Aussagen oder Schlussfolgerungen in solchen Texten stehen oft erst am Schluss.
Lesetipp: Hinten anfangen!

Zur Erschließung von Texten bewähren sich immer wieder die so genannten **Reporterfragen:**
WER?
WAS?
WANN?
WO?
WOZU?

Erschließend ist die **Technik des Gegenlesens.** Mit entsprechenden Fragen wird an Informationen und Behauptungen herangegangen:
Was wurde nicht erwähnt, geschrieben?
Was wurde ausgelassen?
Was steht zwischen den Zeilen?
Welcher Ton schwingt mit?
Wird mit Unterstellungen oder Vorurteilen gearbeitet?
Werden Alternativen aufgezeigt, verschiedene Denkmodelle angeboten?

Ist eine Lektüre illustriert, mit Fotos angereichert, kann eine **Bild-Text-Analyse** aufschlussreich sein:
In welchem Verhältnis stehen beispielsweise inhaltliche Aussagen und Bildlegenden zueinander?
Sollen Zeichnungen, Abbildungen, Fotos einstimmen, erklären, ablenken, verstärken oder verschleiern?

Meditatives Lesen, etwa von Gedichten, Weisheitssprüchen, regt die Fantasie an und kann entspannen. Nehmen Sie sich dazu viel Zeit, in Gedanken abzuschweifen, den Worten nachzulauschen, in sich hineinzuhören.

Achtung: Nach Ziel und Zweck des Lesens zu unterscheiden ist im Ruhestand keineswegs überflüssig geworden. Der bewusste Umgang mit der Zeit wird auf neue Art wichtig.

JA, ES IST MEIN ERSTES BUCH, WIESO?

ERFAHRUNGEN

Erfahrung ist, was uns enthüllt, dass wir die Irrtümer der Jugend gegen die des Alters aufgegeben haben.
AMBROSE BIERCE

Erfahrung ist verstandene Wahrnehmung.
IMMANUEL KANT

Es ist leichter, andern mit Weisheit zu dienen als sich selbst.
LA ROCHEFOUCAULD

Die Dankbarkeit ist eine Last, und jede Last will abgeschüttelt sein.
DENIS DIDEROT

Erfahrung heißt reich werden durch Verlieren.
E. v. WILDENBRUCH

Erfahrung bleibt des Lebens Meisterin.
JOHANN WOLFGANG VON GOETHE

Von Herzen verachte ich jene Art von Weisheit, zu der man nur durch Abkühlung oder Müdigkeit gelangt.
ANDRÉ GIDE

Ein Mensch bleibt weise, solange er die Weisheit sucht; sobald er sie gefunden zu haben wähnt, wird er ein Narr.
TALMUD

10 Schreib mal wieder!

Solange ein Mensch ein Buch schreibt,
kann er nicht unglücklich sein.
JEAN PAUL

Kennen Sie obigen Werbeslogan der Deutschen Post AG? Überhaupt, was fällt Ihnen zum Stichwort Schreiben ein? „Ich kann nicht gut schreiben." „Ich wollte schon immer mehr schreiben, habe aber nie Zeit gefunden." „Im Alter sollte ich meine Erlebnisse und Erfahrungen für die Nachkommen festhalten." Denken Sie so ähnlich?

Vielleicht haben Sie die Erinnerungen aus der Schulzeit an Diktate und Aufsätze, unter Notendruck und in Angst geschrieben, davon abgehalten? Im Berufsleben gab es, trotz Telefon und Telefax, für die meisten viel zu schreiben. Wozu also sollte es gut sein, nach dem Abschied aus dem Berufsleben erneut zur Feder zu greifen? Und wer ungeübt ist, kann der überhaupt schreiben? Alle können es, sei es, um Gedanken zu bewegen oder Fantasie anzuregen.

Zweifellos ist das Bedürfnis, im Ruhestand etwas zu Papier zu bringen, weit verbreitet. „Später schreibe ich ein Buch, meine Memoiren", nehmen sich viele Menschen vor.
Es drängt sie, Erinnerungen und Erfahrungen im Alter festzuhalten, an Jüngere weiterzugeben. Geeignet sind dafür Tagebücher, Briefe, Chroniken, Reisebeschreibungen, Gedichte, Kommentare zu Fotos und Videoaufnahmen.
Dem liegt der Wunsch zugrunde, Spuren des eigenen Lebens festzuhalten und weniger der Anspruch, als berühmter Autor in die Literaturgeschichte einzugehen.

Schreiben hat viel mit Sinnfindung im Leben und tätiger Selbstentfaltung zu tun. Der Prozess des Aufschreibens schafft innere Befreiung. Es kommt nicht auf das perfekte Ergebnis, sondern zunächst auf eine emotionale Befriedigung sowie auf die innere Ordnung der Gedankenwelt an. Geschriebenes als Mitteilung öffnet darüber hinaus den Weg zu anderen Menschen, ist ein häufig vernachlässigtes Mittel zur Kontaktpflege und lebhaften Kommunikation.

Schreiben ist nicht gleich Schreiben; es unterscheidet sich nach Zweck, Ziel, Adressaten und Wirkung. Es lohnt sich, darüber nachzudenken und einmal selbst auszuprobieren, wie wichtig es ist und wie gut es tut, etwas niederzuschreiben. Die Freude wächst mit dem sichtbaren Erfolg: Learning by Doing.

10.1 Therapeutisches Schreiben

Namhafte Buchautoren äußern immer wieder, es dränge sie, „sich etwas von der Seele zu schreiben“. Psychotherapeuten setzen bei ihren Patienten ähnlich gezielt die Methode des Niederschreibens ein, damit diese sich von bedrängenden Gedanken, Ängsten und Sorgen freischreiben. Auch ohne Autor oder Therapeut zu sein, können Sie von deren Methoden für sich profitieren:

Haben Sie akut Zorn auf eine Person, Ärger wegen eines Briefes oder Bescheides von einem Amt? Formulieren Sie auf der Stelle eine geharnischte Antwort – und werfen Sie diese anschließend, heftig zerknüllt, in den Papierkorb! Sie werden geradezu körperlich spüren, wie die erste Erregung abklingt, die Wut verraucht. Die Niederschrift erleichtert und befreit, notfalls hilft sie, den Vorgang zu vergessen. Andernfalls werden Sie später eine sachgerechte Antwort abfassen, mit besseren Argumenten und mehr Erfolg, ohne den anderen vor den Kopf zu stoßen.

Der Verarbeitung momentanen Befindens dient in ähnlicher Weise das Tagebuch. Ihm können Wut und Schmerzen, Stimmungen und Störungen anvertraut werden. Nach einer Weile, mit Abstand, erscheinen Ereignisse, Begegnungen, Bedrohungen in einem anderen Licht. In einem nur für Sie selbst geschriebenen Tagebuch können Sie Ihren Gedanken und Gefühlen freien Lauf lassen. In der Jugendzeit wurde das Tagebuch oder Poesiealbum häufig zum besten Freund. An diese positive Erfahrung könnte im dritten Lebensabschnitt angeknüpft werden.

Alles, was Ihnen zu Konflikten und Problemen einfällt, sollte erst einmal auf einen Zettel geschrieben werden, auch durcheinander.
Danach haben Sie die Möglichkeit, Einzelpunkte daraus nach Schwierigkeitsgraden zu ordnen und untereinander zu schreiben. So entsteht eine Konfliktliste. Was Ihnen am meisten zu schaffen macht, steht obenauf und wird zuerst gezielt angegangen.
Beispielsweise auf Rangplatz 1: „Ich finde niemanden, mit dem ich mich aussprechen könnte.“ Nun notieren Sie daneben und probieren alles aus, was Sie dagegen unternehmen könnten: Gäste nach Hause einladen? Menschen aufsuchen, die selbst kaum Gesprächspartner haben, Nachbarn, Kranke etc.?
Eine Konfliktliste hat vor allen Dingen den Vorteil, dass Sie von Zeit zu Zeit kontrollieren können, ob Sie die guten Vorsätze auch in die Tat umgesetzt haben.

10.2 Reflektierendes Schreiben

Nach dem Ausscheiden aus dem Erwerbsleben hat man viel Zeit, über Dinge und Menschen nachzudenken, die eigene Biografie vor dem inneren Auge Revue passieren zu lassen. Wird dieses Nachdenken, die Reflexion, bloß dem Zufall überlassen, können sich Versäumnisse und Schuldgefühle in den Vordergrund drängen. Sie überwuchern schöne Erlebnisse und Erfolge, mitunter werden ganze Lebensabschnitte ausgeblendet – nicht zuletzt deswegen wird die Kindheit leichter erinnert als spätere Lebensabschnitte. Der Rückblick auf das Erwachsenenalter scheint mit negativen Aspekten und Unlust verbunden; er erzeugt Rechtfertigungsdruck. Wer aber sein gesamtes Leben einfangen und beschreiben will, der braucht eine vollständige Bilanz mit Plus und Minus, am besten schwarz auf weiß.

Wichtige Lebensabschnitte und Ereignisse können in einem **Lebensbericht** festgehalten und beschrieben werden:
Kindheit/Jugend
Berufsentscheidungen
Wohnortwechsel
Familiengründung
Krankheiten
Erfolge und Misserfolge

Tabus und Verdrängungen sind zu vermeiden. Sinnvoll ist auch zu analysieren, warum dieses oder jenes zu tun oder zu lassen in der damaligen Situation richtig oder falsch war. „Wenn man vom Rathaus kommt, ist man klüger." Sich verändert zu haben ist ein Merkmal von Reifungsprozessen.

Die **Beziehungen zu anderen Menschen** könnten eine Sonderuntersuchung wert sein, weil sie mit zunehmendem Alter lebenswichtig werden können:
Wie habe ich Freunde gewonnen, wie habe ich mir Gegner gemacht?
Habe ich (früh) gelernt, auf Menschen zuzugehen oder ihnen auszuweichen?
Haben mich schlechte Erfahrungen menschenscheu gemacht?
Wem vertraue ich?
In der Literatur werden Beziehungen in Geschichten beschrieben und erzählt. Schreiben Sie Ihre Geschichte der Beziehungen auf. Sie werden viel für die Gestaltung von Beziehungen im Ruhestand daraus lernen.

Von besonderem Reiz ist es, über die eigene **Zukunft** nachzudenken. Entwerfen Sie Bilder, beschreiben Sie, wie Sie sich mittelfristig das nächste Halbjahr, längerfristig die nächsten Jahre vorstellen. Von Zielvorstellungen und konkret beschriebenen Absichten geht eine positiv steuernde Wirkung aus. Im Übrigen gibt es keinen Grund, Träume, Lebensentwürfe, Zukunftspläne und Hoffnungen nur jungen Menschen zuzugestehen. Der Blick nach vorne gibt Impulse und Inspiration.

10.3 Dokumentierendes Schreiben

Festhalten, was im eigenen Leben passiert ist, wer möchte das nicht? Leider finden sich nicht immer geduldige Zuhörer, sei es, dass wenig Interesse an der „guten, alten Zeit" besteht oder weil Erfahrungen in der Regel nicht direkt weitergegeben werden können. Die Jüngeren möchten sie selbst machen.

Dennoch sollten Sie sich nicht abhalten lassen, persönliche Daten, Fakten, Ereignisse schriftlich festzuhalten. Das dient einmal der eigenen Vergewisserung und Erinnerung und bleibt überdies Nachkommen, Verwandten, Freunden, Familien- und Heimatkundlern als Forschungsmaterial erhalten. Später wird erfahrungsgemäß gerne darauf zurückgegriffen.

Zur Dokumentation Ihres Lebens und Werdeganges sowie wichtiger Ereignisse eignen sich:

- Tagebücher, **biografische Erinnerungen,** Urkunden, die Kindern und Enkeln zu besonderen Anlässen geschenkt werden können (Geburtstage, Konfirmation).
- Gesammelte und geordnete **Fotos, Dias, Videofilme,** mit Kommentaren, Orts- und Zeitangaben versehen.
- **Persönliche Dokumente** und Erinnerungsstücke.
- **Ahnentafeln,** Aufzeichnungen zur Familiengeschichte, angereichert mit Zeichnungen, Karten, Bildmaterial, Zeitungsausschnitten.
- Legen Sie eine kleine **Familien-, Dorf-, Heimatchronik** an.
  Halten Sie fest, was Nachbarn oder Originale zu erzählen haben.
- Nachfahren interessiert, was es mit **„Erbstücken"** auf sich hat. Die aufgeschriebene Geschichte einer Kommode kann spannend wie ein Krimi sein.

- **Feste, Jubiläen, Treffen, Ereignisse** lassen sich ebenso lebendig und anschaulich dokumentieren wie z.B. „So entstand unser Haus".

- **Hobbys** eignen sich dazu, in einer Monographie dokumentiert zu werden. Sie gibt Auskunft über die Entstehung einer Sammlung, über Einmaligkeit oder fachlichen Wert.

10.4 Kommunikatives Schreiben

Das vorrangige Ziel kommunikativen Schreibens ist, Kontakt mit anderen Menschen zu knüpfen und zu pflegen. Für älter werdende Menschen kann dies ein wichtiger Weg werden, um gegen Vereinsamung und Isolierung anzugehen, besonders wenn ihre Bewegungsfreiheit aus körperlichen Gründen eingeschränkt ist.

Warten Sie nicht ab, bis jemand schriftlichen Kontakt mit Ihnen aufnimmt, unternehmen Sie selbst den ersten Schritt.

Einige Anregungen

- Pflegen Sie Briefkontakte mit alten Bekannten, Schulfreunden, Arbeitskollegen? Falls nicht, nehmen Sie Geburtstage, Festtage zum Anlass, Kontakte wieder aufzunehmen.

- Schreiben Sie Briefe an einsame Menschen in Krankenhäusern oder Heimen!

- Briefbekanntschaften werden in Anzeigen gesucht: Zeitschriften durchforsten, diplomatische Vertretungen anschreiben. Viele schreiben sich jahrelang mit Freunden in aller Welt.

- Aus Reisebekanntschaften können Brieffreunde werden.

- Politisch Interessierte schreiben an Zeitungen, Abgeordnete, arbeiten mit Initiativen zusammen.

- Amnesty International u.a. suchen ständig engagierte Menschen, die z.B. an Politiker und politische Gefangene schreiben.

- Notabene: Es darf auch an Angehörige geschrieben werden!

Tipp: Achten Sie auch darauf, dass Ihre Korrespondenz nicht einseitig, sondern dialogisch verläuft. Das bedeutet, sorgfältig zu lesen, was den Partner, die Partnerin beschäftigt, auf seine bzw. ihre Fragen einzugehen und nicht bloß von sich zu berichten (Monolog).

10.5 Fantasievolles Schreiben

Wussten Sie, dass Karl May die meisten Schauplätze seiner fantasievoll ausgeschmückten Romane nie in seinem Leben aufgesucht hat? Der Schöpfer des „Wilhelm Tell", Friedrich Schiller, war niemals in der Schweiz. Jules Verne, der Verfasser der beliebtesten Reisebeschreibungen rund um die Erde und in das Erdinnere, hat Paris niemals verlassen.

Auch privat hebt Fantasie aus der Enge des Alltags hinaus, beflügelt Gedanken, schickt sie auf die Reise:

- Scheuen Sie sich nicht, **fantasievolle Geschichten zu erfinden** und niederzuschreiben. Das macht Spaß, sprengt die Fesseln des Alltags. Nebenher trainieren Sie damit Ihr Gedächtnis, der aktive Wortschatz und die sprachliche Ausdrucksfähigkeit werden verbessert.

- Sie können sich **Märchen ausdenken,** sie aufschreiben – und später Kindern, Kranken u.a. erzählen.

- Lustige Erlebnisse kann man aufschreiben, Geschichten zum Vergnügen abfassen, an **Wettbewerben** von Rundfunkanstalten und Zeitschriften teilnehmen oder für Seniorenzeitungen schreiben.

- **Dichten** Sie doch einfach einmal.

- Lebenserfahrungen, die Ihnen viel bedeuten, lassen sich in Form von **Sprüchen, Aphorismen** sammeln, zu einem Buch binden und an gute Freunde oder die folgende Generation weitergeben.

11 Infomerker

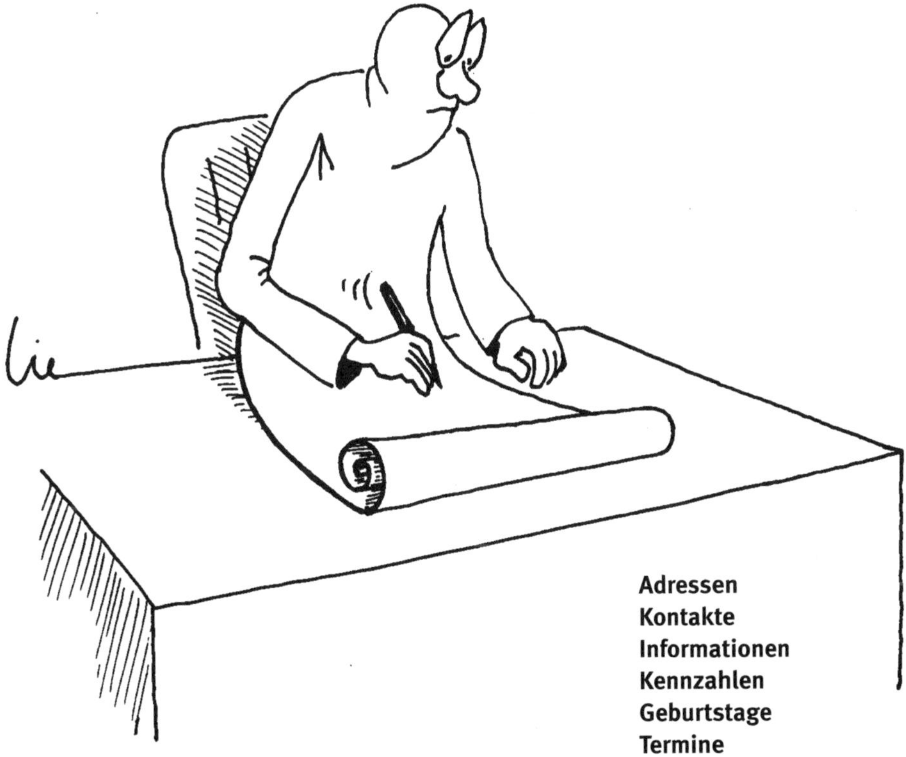

11.1 Adressen, Kontakte, Informationen zum Thema

Bildung
Die folgenden Universitäten und sonstigen Bildungseinrichtungen bieten jeweils ein Studium für Senioren oder Veranstaltungen im Rahmen einer Seniorenakademie an:

RWTH Aachen
Büro Technologietransfer und Wissenschaftliche Weiterbildung (BTW)
Templergraben 55, 52056 Aachen
Tel. (02 41) 80-9 45 66
http://www.rwth-aachen.de

Universität Bamberg
Zentrum für Wissenschaftliche Weiterbildung (ZeWW)
Austraße 37, Raum 302 und 303, 96045 Bamberg
Tel. (0951) 8 63-12 26
http://www.uni-bamberg.de

Technische Universität Berlin
Zentraleinrichtung Kooperation
Steinplatz 1, 10623 Berlin
Tel. (030) 3 14-2 20 34
http://www.tu-berlin.de

Universität Bielefeld
Postfach 10 01 31, 33501 Bielefeld
Tel. (05 21) 1 06-00
http://www.uni-bielefeld.de

Technische Universität Braunschweig
Zentralstelle für Weiterbildung
Postfach 33 29, 38023 Braunschweig
Pockelsstraße 11, 38106 Braunschweig
Tel. (05 31) 3 91-42 11
http://www.tu-braunschweig.de

Universität Bremen
Bibliothekstraße 1, 28359 Bremen
Tel. (04 21) 2 18-1
http://www.uni-bremen.de

Technische Universität Chemnitz
Sekretariat des Seniorenkollegs
Reichenhainer Straße 70, Weinhold-Bau, Raum 18, 09107 Chemnitz
Tel. (03 71) 5 31-20 75
http://www.tu-chemnitz.de

Brandenburgische Technische Universität Cottbus
Seniorenuniversität an der Zentralstelle für Weiterbildung
Erich-Weinert-Str. 01, Lehrgebäude 10, Raum 133, 03046 Cottbus
Tel. (03 55) 69 31 33
http://www.tu-cottbus.de

Seniorenstudium der Technischen Universität Darmstadt,
der Fachhochschule Darmstadt und der
Evangelischen Fachhochschule Darmstadt
Zweifalltorweg 12, 64293 Darmstadt
Tel. (06 15 1) 87 98 16
http://www.tu-darmstadt.de

Technische Universität Dortmund
Fachbereich 14
Emil-Figge-Str. 50, 44227 Dortmund
Tel. (02 31) 7 55-41 78
http://www.uni-dortmund.de

Dresdner Seniorenakademie Wissenschaft und Kunst (DSA)
Büro im Deutschen Hygienemuseum
Lingnerplatz 4, 01069 Dresden
Tel.: (03 51) 4 90 64 70
http://www.tu-dresden.de

Universität Erlangen-Nürnberg
Informations- und Beratungszentrum
Postfach 35 20
Schlossplatz 3/Halbmondstr. 6, 91023 Erlangen
Tel. (0 91 31) 85-2 39 76
http://www.uni-erlangen.de

Universität Essen
Universitätsstraße 2, 45141 Essen
Tel. (0201) 1 83-1
http://www.uni-essen.de

Bildungswissenschaftliche Hochschule Flensburg – Universität
Mürwiker Straße 77, 24943 Flensburg
Tel. (04 61)31 30-0
http://www.uni-flensburg.de

Universität des 3. Lebensalters an der
Johann-Wolfgang-Goethe-Universität Frankfurt e.V.
Senkenberganlage 13-17
Postfach 111932, 60325 Frankfurt a. M.
Tel. (0 69) 7 98-2 30 84
http://www.rz.uni-frankfurt.de

Pädagogische Hochschule Freiburg
Zentrum für Weiterbildung und Hochschuldidaktik (ZWH)
Seniorenstudium
Kunzenweg 21, 79117 Freiburg
Tel. (07 61) 6 82-2 44
http://www.ph-freiburg.de

Justus-Liebig-Universität Gießen
Ludwigstr. 23, 35390 Gießen
Tel.: (06 41) 99-0
http://www.uni-giessen.de

Georg-August-Universität Göttingen
Universität des 3. Lebensalters/Zentralstelle für Weiterbildung:
Kreuzbergring 50, 37075 Göttingen
Tel.: (05 51) 39-41 78
http://www.uni-goettingen.de

Martin-Luther-Universität Halle-Wittenberg
Franckeplatz 1, 06099 Halle/Saale
Tel.: (03 45) 55-20
http://www.uni-halle.de

Universität Hamburg
Arbeitsstelle für wissenschaftliche Weiterbildung
Vogt-Kölln-Straße 30, Haus E, 22527 Hamburg
Tel. (0 40) 4 28 83-24 77 oder -24 72
http://www.aww.uni-hamburg.de

Hamburger Seniorenakademie an der Hauptkirche St. Nikolai
Heilwigstraße 22, 20249 Hamburg
Tel. (0 40) 44 11 34 54
http://nordelbien.de

Zentrale Einrichtung für Weiterbildung
der Universität Hannover
Lange Laube 32, 30159 Hannover
Tel. (05 11) 762-56 87
http://www.unics.uni-hanover.de/zew

Akademie für Ältere Heidelberg
Bergheimer Straße 76, 69115 Heidelberg
Tel. (0 62 21) 97 50-0
http://www.akademie-fuer-aeltere.de

Seniorenakademie
Meeboldstr. 1, Raum 1.1, 1. Stock, 89522 Heidenheim
Tel. (0 73 21) 38-19 92
http://www.seniorenakademie-heidenheim.de

Zentrum für Fernstudium und Weiterbildung
Universität Hildesheim
Marienburger Platz 22, 31141 Hildesheim
Tel. (0 51 21) 8 83-2 30 oder -2 26
http://www.uni-hildesheim.de

Hochschule Holzen
Europäisches Studienkolleg für nachberufliche wissenschaftliche Weiterbildung
Kirchstraße 8, 79400 Kandern-Holzen
Tel. (0 76 26) 9 15 80
http://www.ub.uni-freiburg.de

Technische Universität Ilmenau
Wissenschaftliche Weiterbildung
May-Planck-Ring 14, 98693 Ilmenau
Tel. (0 36 77) 69-0
http://www.tu-ilmenau.de

Friedrich-Schiller-Universität Jena
Dezernat 1 – Weiterbildung
Fürstengraben 1, 2. Ebene, Zimmer 2.09, 07743 Jena
Tel. (0 36 41) 93 11-30 oder -31
http://www.verwaltung.uni-jena.de

Gesamthochschule Kassel
Wissenschaftliche Weiterbildung
Mönchebergstr. 19, 34109 Kassel
Tel.: (05 61) 8 04-0
http://www.uni-kassel.de

Universität Köln
Koordinierungsstelle für das Gasthörer- und Seniorenstudium
Kerpener Str. 15, 50923 Köln
Tel. (02 21)4 70-62 98
http://www.uni-koeln.de

Universität Leipzig
Bereich Wissenschaftliche Weiterbildung
Augustusplatz 10/11, III. Etage (Hauptgebäude), Zimmer 22, 04109 Leipzig
Tel. (03 41) 9 73 00 50
http://www.uni-leipzig.de

Seniorenakademie Lübeck
Jakobikirchhof 3, 23552 Lübeck
Tel. (04 51) 7 63 31
http://www.kirchenkreis-luebeck.de

Universität Lüneburg
Zentrale Studienberatung. Unicampus
Scharnhorststr. 1, Gebäude 8, 1. Stock, 21335 Lüneburg
Tel. (0 41 31)-78-12 60
http://www.uni-lueneburg.de

Otto-von-Guericke-Universität Magdeburg
Universitätsplatz 2, 39016 Magdeburg
Tel. (03 91) 67-01
http://www.uni-magdeburg.de

Johannes-Gutenberg-Universität Mainz
Saarstr. 1, 55099 Mainz
Tel. (0 61 31)39-0
http://www.uni-mainz.de

Universität Mannheim
Senatsbeauftragter für das Seniorenstudium
Institutsgebäude L 4, 1 (EG), 68161 Mannheim
Tel. (06 21) 1 81-14 50 (Sekretariat)
http://www.uni-mannheim.de

Philipps-Universität Marburg
Studentensekretariat
Biegenstr. 10, Erdgeschoss, Zimmer 23
Tel. (0 64 21) 2 82 61 66
http://www.uni-marburg.de

Fachhochschule Merseburg
Geusaer Straße, 06217 Merseburg
Tel. (0 34 61) 46-0
http://www.fh-merseburg.de

Hochschule Mittweida
University of Applied Sciences
Kontaktstelle Wissenschaftliche Weiterbildung
Technikumplatz 17, 09648 Mittweida
Tel. (0 37 27) 581-2 14
http://www.htwm.de

Ludwig-Maximilians-Universität München
Leitung des Seniorenstudiums
Geschäftsstelle: Veterinärstraße 1, 80539 München
Tel. (0 89) 21 80 37 16
http://studenten.verwaltung.uni-muenchen.de

Augustinum Akademie
Augustinum GmbH
Stiftsbogen 74, 81375 München
Tel. (0 89) 70 98-0
http://www.senioren-akademie.de

Westfälische Wilhelms-Universität Münster
Kontaktstelle Studium im Alter
Bispinghof 5/6
(ehem. LVA) Gebäude F, Raum 010 und 011, 48143 Münster
Tel. (02 51)83-2 42 41 oder (02 51) 83-2 13 09
http://www.uni-muenster.de

Seniorenakademie e.V.
Linker Niederrhein
An der Landwehr 2, 41069 Mönchengladbach
Tel. (0 21 61)18 46 46
http://www.niederrhein.de/weiterbildung/senioren

Carl-von-Ossietzky-Universität Oldenburg
Zentrum für wissenschaftliche Weiterbildung (ZWW)
Ammerländer Heerstraße 114-118, 26111 Oldenburg
Raum A5 1-121 (Neubau WIZ)
Tel. (04 41) 7 98-22 75 oder -37 37
http://www.uni-oldenburg.de

Universität Osnabrück und Fachhochschule Osnabrück
Zentrale Studienberatung (ZSB)
Neuer Graben 19-21, 49069 Osnabrück
Tel. (9 69) 49 99
http://www.zsb.uni-osnabrueck.de

Universität Paderborn
Zentralverwaltung
Dezernat 2 (Planung und Entwicklung), Raum B2.341
Warburgerstraße 100, 33098 Paderborn
Tel. (0 52 51)60-25 65
http://www-zv.uni-paderborn.de

Universität Potsdam
Weiterbildungszentrum
Komplex III, Park Babelsberg 14
Tel. (03 31) 9 77-46 60
http://www.uni-potsdam.de/u/wbz/wbz/index.html

Universität Rostock
Weiterbildungsgesellschaft an der Universität Rostock e.V.
Seniorenakademie
Albert-Einstein-Str. 29a, 18059 Rostock
Tel. (03 81) 44 03 05
http://www.wbg.uni-rostock.de

Universität des Saarlandes
Wissenschaftliche Weiterbildung
Postfach 15 11 50, 66041 Saarbrücken
Tel. (06 81) 3 02-35 33
http://www.uni-saarland.de

Pädagogische Hochschule Schwäbisch Gmünd
Oberbettringer Straße 200, 73525 Schwäbisch Gmünd
Seniorenhochschule ZWF
Tel. (0 71 71) 9 83-2 20
http://www.ph-gmuend.de

Fachhochschule Lausitz
Seniorenakademie
Großenhainer Straße 57, Gebäude 21, Raum 100.2, 01968 Senftenberg
Tel. (0 35 73) 85-2 82
http://www.fh-lausitz.de

Universität-Gesamthochschule Siegen
Mittwochsakademie
Adolf-Reichwein-Str. 2, 57068 Siegen
Tel. (02 71) 7 40-54 21
http://www.uni-siegen.de

Universität Stuttgart
Studiensekretariat
Keplerstr. 7, 70174 Stuttgart
Tel. (07 11) 1 21-35 83
http://www.uni-stuttgart.de

Universität Trier
Universitätsring 15, 54286 Trier
Tel. (06 51) 2 01-0
http://www.uni-trier.de

Universität Ulm
Zentrum für Allgemeine Wissenschaftliche Weiterbildung ZAWiW/
Wissenschaftliches Sekretariat/Geschäftsstelle
Oberer Eselsberg, 89069 Ulm
Tel. (07 31) 50-2 31 93
http://www.uni-ulm.de

Bauhaus-Universität Weimar
Dezernat Studentische und Akademische Angelegenheiten
Wissenschaftliche Weiterbildung
Coudraystraße 7, 99423 Weimar
Tel. (0 36 43) 58 23 56
http://www.uni-weimar.de

Bergische Universität Wuppertal
Wissenschaftliches Sekretariat für das Seniorenstudium
Gaußstraße 20, 42097 Wuppertal
Tel. (02 02) 4 39-21 65
http://www.verwaltung.uni-wuppertal.de

Westsächsische Hochschule Zwickau (FH)
Studienberatung
PF 20 10 37, 08012 Zwickau
Tel. (03 75) 5 36 11 82
http://www.fh-zwickau.de

Tipp: Weitere Auskünfte und Adressen können vor Ort auch bei diakonischen Werken, Volkshochschulen und Einrichtungen der Erwachsenenbildung eingeholt werden.

Schulungen – Informationen im Internet
Computerschulungen und Sprachkurse für Senioren gibt es an den Volkshochschulen. Daneben bietet auch das Internet viele Seminarangebote für jung gebliebene Ältere. Hier einige Adressen für weitere Informationen, auch zu Seniorentreffen im Internet (die sich nicht nur virtuell, sondern auch bei regelmäßigen tatsächlichen Stammtischen austauschen):

http://www.seniorennet.de
http://www.senioren-online.de
http://www.cafegarten.de
http://www.feierabend.de

Weitere Informationsportale:
http://www.dino-online.de
http://www.intersenior.de

Ernährung
Deutsche Gesellschaft für Ernährung e.V. (DEG)
Godesberger Allee 18, 53175 Bonn
Tel. 02 28-3 77 66 00
http://www.dge.de

Deutsches grünes Kreuz e.V.
Im Kilian
Schuhmarkt 4, 35037 Marburg
Postfach 1207, 35002 Marburg
Tel. 0 64 21-29 30
http://www.dgk.de

Hinzuverdienst/Rente
Verband deutscher Versicherungsträger (VDR)
Eysseneckstr. 55, 60322 Frankfurt am Main
Tel. 0 69-1 52 22 44
http://www.vdr.de

Bundesversicherungsanstalt für Angestellte (BfA)
Ruhrstr. 2, 10709 Berlin
Tel. 0800-3 33 19 19 oder 0 30-86 51
http://www.bfa.de

Daneben informieren die jeweiligen Landesversicherungsanstalten.

Reisen/Kultur/Sonstiges
Dachverband Altenkultur e.V.
Zugweg 10, 50677 Köln
Tel. 0221-323502
http://www.seniorweb.uni-bonn.de

ZUKUNFT klipp + klar
Informationszentrum der deutschen Versicherungen
Postfach 08 04 31, 10004 Berlin
Tel. 08 00/2 63 72 43
http://www.klipp-und-klar.de/vorsorge/index.htm

Freundeskreis Alleinreisender e.V.
Droysenstr. 12, 22605 Hamburg
PF 52 05 51, 22595 Hamburg
Tel. 0 40-8 80 74 21

Info-Service: „Reisen im Alter"
Kuratorium Deutsche Altershilfe
An der Paulskirche 3, 50677 Köln
Tel. 02 21-9 31 84 70
http://www.kda.de

Reiseclub für Senioren e.V.
(auf die neuen Bundesländer spezialisiert)
Jungstraße 11, 10247 Berlin
Tel.: 0 30-2 94 11 80

Kur- und Touristik GmbH
Ernst-Eisenlohr-Straße 4, 79410 Badenweiler
Tel. 0 76 32-7 21 10

Studien Kontakt Reisen
Kurfürstenallee 5, 53140 Bonn
Tel.: 02 28-93 57 30

Jahresringe e.V. – Verband für Vorruhestand und Aktives Alter
Boxhagener Str. 18, 10245 Berlin-Friedrichshain (Geschäftsführung)
Tel. 030-29 34 18 13
Kontaktadresse Berlin:
Allee der Kosmonauten 32, 12681 Berlin-Marzahn
Tel. 030-54 80 01 45
http://www.bagso.de

Deutscher Senioren Ring e.V.
Projektbüro Olbrichtstr. 4/2, 69469 Weinheim
Tel. 0 62 01-6 04 91 48
http://www.seniorenring.de

Sport
Deutscher Sportbund
Otto-Fleck-Schneise 12, 60528 Frankfurt am Main
Tel. 0 69-67 00-265
http://www.dsb.de

Rechtsberatung/Sozialverbände
Sozialverband Deutschland e.V. Bundesgeschäftsstelle
Beethovenallee 56-58, 53173 Bonn
Tel. 02 28-95 64-0
http://www.sozialverband.de

Sozialverband VdK Deutschland e.V. Bundesgeschäftsstelle
Wurzerstr. 4a, 53175 Bonn
Tel. 02 28-8 20 93-0
http://www.vdk.de

Verbraucherschutz
vzbv
Verbraucherzentrale Bundesverband e.V.
Markgrafenstr. 66, 10969 Berlin
Tel. 0 30-2 58 00-0
http://www.vzbv.de

Wohnen
bpa Bundesverband privater Anbieter sozialer Dienste e.V.
Bundesgeschäftsstelle:
Hannoversche Straße 19, 10115 Berlin
Tel. 030-30 87 88 60
http://www.bpa.de

Deutscher Mieterbund
Littenstraße 10, 10179 Berlin
Tel. 030-2 23 23-0 oder 01805-835835
http://www.mieterbund.de

FGWA
Forum für gemeinschaftliches Wohnen im Alter
Geschäftsstelle Hannover
c/o Gerda Helbig
Hohe Straße 9, 30449 Hannover
Tel. 0511-92 40 01-8 27 oder -6 04 59 55
http://www.forum-fuer-senioren.de

KWA
Kuratorium Wohnen im Alter e.V.
Biberger Str. 50, 82008 Unterhaching
Tel. 089-665 58 500
http://www.kwa.de

Weitere Organisationen und Verbände:

Arbeiter-Samariter-Bund Deutschland e.V.
ASB-Bundesgeschäftsstelle
Sülzburgstr. 140, 50937 Köln
Tel. 02 21-4 76 05-0
http://www.asb-online.de

Arbeiterwohlfahrt Bundesverband e.V.
Oppelner Str. 130, 53119 Bonn
Tel. 02 28-6 68 50
http://www.awo.org

Berliner Seniorentelefon
Fehrbelliner Str. 92, 10119 Berlin
Tel. 030-2 79 64 44
http://www.berliner-seniorentelefon.de
http://www.seniorentelefon.de

Bundesarbeitsgemeinschaft Alt hilft Jung e.V.
Kennedyallee 62-70, 53175 Bonn
Tel. 02 28-3 77 12 57
http://www.althilftjung.de

Bundesarbeitsgemeinschaft der Seniorenorganisationen (BAGSO) e.V.
Schedestr. 13, 53113 Bonn
Tel. 02 28-24 99 93-0
http://www.bagso.de

Bundesarbeitsgemeinschaft Hospiz
zur Förderung von ambulanten, teilstationären und
stationären Hospizen und Palliativmedizin e.V.
Am Weiherhof 23, 52382 Niederzier
Tel. 0 24 28-80 29 37
http://www.hospiz.net

Bundesministerium für Familie, Senioren, Frauen und Jugend
Taubenstr. 42/43, Glinkastr. 18–24, Jägerstr. 8/9, 10117 Berlin
Tel. 0 30-2 06 55-0
http://www.bmfsfj.de

Deutscher Caritasverband
Karlstr. 40, 79104 Freiburg im Breisgau
Tel. 07 61-2 00-4 18
http://www.caritas.de

Deutscher Paritätischer Wohlfahrtsverband e.V.
Heinrich-Hoffmann-Str. 3, 60528 Frankfurt am Main
Tel. 0 69-67 06-0
http://www.paritaet.org

Deutscher Paritätischer Wohlfahrtsverband e.V.
Oranienburger Str. 13-14, 10178 Berlin
Tel. 030-28 04 67-70
http://www.caritas.de

Deutsches Rotes Kreuz e.V.
Generalsekretariat
Postfach 450 230, 12172 Berlin
Carstenstr. 58, 12205 Berlin
Tel. 0 30-8 54 04-0
http://www.drk.de

Deutsches Zentrum für Altersfragen
Manfred-von-Richthofen-Str. 2, 12101 Berlin
Tel. 0 30-78 60 42 60
http://www.dza.de

Diakonisches Werk der Evangelischen Kirche in Deutschland e.V.
Evangelisches Seniorenwerk
Stafflenbergstr. 76, 70184 Stuttgart
Tel. 07 11-21 59-0
http://www.diakonie.de

Institut für Sozialarbeit und Sozialpädagogik e.V.
Am Stockborn 5–7, 60439 Frankfurt am Main
Tel. 069-9 57 89-0
http://www.iss-ffm.de

Verein für Fraueninteressen e.V.
Seniorenbörse
Rumfordstr. 25, 80469 München
Tel. 0 89-29 16 24 77
http://www.fraueninteressen.de

Seniorenbüro Tat und Rat e.V.
Bornheimer Str. 130 b, 53113 Bonn
Tel. 02 28-63 55 32
http://www.seniorweb.nu/tat/

Seniorenschutzbund „Graue Panther“ e.V.
Hella Reinke
Ränzstraße 3, 91052 Erlangen
Tel. 09131-5 21 39
http://www.fen-net.de

Zwischen Arbeit und Ruhestand (ZWAR) e.V.
Landeszentralstelle NRW
Steinhammer Str. 3, 44379 Dortmund
Tel. 02 31-96 13 17-32
http://www.zwar.org

Informationen für Österreich und die Schweiz

Internetportale:

Österreich: http://www.ab5zig.at (Informationen zu Gesundheit, Recht, Freizeit)
http://www.senioren.wien.at (vielfältige Informationen und Links)

Schweiz: http://www.seniorweb.ch (Informationen zu Recht, Erholung, Weiterbildung usw.)

Tipp: Weitere Organisationen, Veranstaltungen und Informationen für Senioren wie z.B. Reisen, Kurse, Stammtische, Beratungen … finden Sie in sozialen, kirchlichen und kommunalen Einrichtungen in Ihrer Gemeinde!

11.2 Persönliche Kennzahlen

Personalausweis	....
Reisepass	....
Führerschein	....
Steuer-Nr. Finanzamt	....
Krankenkasse	....
Rentenversicherung	....
Versicherungsnummer	....
Lebensversicherung	....
Haftpflichtversicherung	....
Feuerversicherung	....
Kreditkarten	....
Girokonto	....
(Post-)Sparbuch	....
Pkw-Kennzeichen	....
Pkw-Versicherung	....
Schlüssel-Nr.	....
Schließfach	....
....	....
....	....

11.3 Geburtstage, Termine, persönliche Notizen

Persönlicher Geburtstagskalender

März

April

Mai

Juni

Juli

August

September

Oktober

November

Dezember

Persönliche Jahresübersicht: Wichtige Termine etc.

	Kur, Urlaub, Reisen, Fahrten	Feste, Treffs, Besuche, Ausstellungen, Konzerte	Termine	Zahlungen	Sonstiges
Januar					
Februar					

	Kur, Urlaub, Reisen, Fahrten	Feste, Treffs, Besuche, Ausstellungen, Konzerte	Termine	Zahlungen	Sonstiges
März					
April					

	Kur, Urlaub, Reisen, Fahrten	Feste, Treffs, Besuche, Ausstellungen, Konzerte	Termine	Zahlungen	Sonstiges
Mai					
Juni					

	Kur, Urlaub, Reisen, Fahrten	Feste, Treffs, Besuche, Ausstellungen, Konzerte	Termine	Zahlungen	Sonstiges
Juli					
August					

	Kur, Urlaub, Reisen, Fahrten	Feste, Treffs, Besuche, Ausstellungen, Konzerte	Termine	Zahlungen	Sonstiges
September					
Oktober					

	Kur, Urlaub, Reisen, Fahrten	Feste, Treffs, Besuche, Ausstellungen, Konzerte	Termine	Zahlungen	Sonstiges
November					
Dezember					

Persönliches Adressbuch

Name/Anschrift	Telefon	Telefax	E-Mail

Name/Anschrift	Telefon	Telefax	E-Mail

Mein Tagebuch

Januar

Vorschau

Rückschau

Februar

Vorschau

Rückschau

März

Vorschau

Rückschau

April

Vorschau

Rückschau

Mai

Vorschau

Rückschau

Juni

Vorschau

Rückschau

Juli

Vorschau

Rückschau

August

Vorschau

Rückschau

September

Vorschau

Rückschau

Oktober

Vorschau

Rückschau

November

Vorschau

Rückschau

Dezember

Vorschau

Rückschau

Literaturtipps

Geistige und körperliche Fitness

Decker, Franz: Alles beginnt im Kopf – Mindfitness für jedermann. Wege zu neuen Energien und größerem Wohlbefinden. Würzburg. Lexika Verlag 1999.

Krämer, Sabine / Walter, Klaus-Dieter: Konzentration und Gedächtnis. Ein Trainingsprogramm für 30 × 20 Minuten. 3. Auflage. Würzburg. Lexika Verlag 2001.

Lauxmann, Frieder: Zehn Wege zum unabhängigen Denken. Von der Information zur eigenen Meinung. 2. Auflage. Würzburg. Lexika Verlag 1998.

Meusel, Heinz: Sport für Ältere. Bewegung, Sportarten, Training. Stuttgart. Schattauer 1999.

Vester, Frederic: Denken, Lernen, Vergessen. Was geht in unserem Kopf vor, wie lernt das Gehirn und wann lässt es uns im Stich? 23., neu überarb. Auflage. München. Deutscher Taschenbuch-Verlag, 1996.

Bildung und Studium

BMBF (Hrsg.): Studienführer für Senioren. 2001

Finanzen

Friess, Tom / Huber, Michael: Finanzcoach für den Ruhestand. Der persönliche Vermögensberater für Leute ab 50. Wien. Ueberreuter Wirtschaftsverlag 2002.

Opoczynski, Michael: Reich in den Ruhestand. Optimal vorsorgen durch privaten Vermögensaufbau. Landsberg am Lech. MVG 2001.

Ossola-Haring, Claudia: Steuern sparen bei der Altersvorsorge und im Ruhestand. Landsberg am Lech. MVG 2001.

Wohnen

Haimann, Richard: Langzeiturlaub? Ein Ratgeber zum Überwintern rund ums Mittelmeer. Frankfurt. Peter Meyer Verlag 2001.

Heinl, Leo J.: Immobilien kaufen im Ausland. Kapitalsicherung, Urlaubsdomizil, Wohnen im Alter. 3. akt. Aufl. Walhalla Fachverlag 1998.

Klie, Thomas: Wohnen im Alter. München. DTV 2002. (erscheint Dezember 2002)

Schöllhorn, Peter P.: Irgendwo im Süden, wo es warm ist. Vorruhestand und Ruhestand im Ausland. Deutsche Schutzver. Auslandsimmobilien 2000.

Allgemeine Themen

Adler, Alfred: Menschenkenntnis. Frankfurt am Main. Fischer-Taschenbuch-Verlag 1995.

Hentig, Hartmut von: Die Menschen stärken, die Sachen klären. Ein Plädoyer für die Wiederherstellung der Aufklärung. Stuttgart. Reclam Verlag 1995.

Kästner, Erich: Gesammelte Schriften für Erwachsene. München, Zürich. Droemer Knaur (Lizenzausgabe des Atrium-Verlags Zürich).

Ruddies, Günther H.: Vergnügliche Seelenkunde. Eine Psychologie des Humors. München. Kösel, 1983.

Sperber, Manés: Nur eine Brücke zwischen Gestern und Morgen. 2. Auflage. München. Deutscher Taschenbuchverlag, 1983.

Von Füller, Ingrid: 50 und aufwärts. Das Begleitbuch für die zweite Lebenshälfte. Stiftung Warentest (Hrsg.) 1999.

Stichwortverzeichnis